चम्पू कोई बयान नहीं देगा

अशोक चक्रधर

वाणी प्रकाशन

वाणी प्रकाशन

4695, 21-ए, दरियागंज, नयी दिल्ली 110 002

शाखा

अशोक राजपथ, पटना 800 004

फ़ोन: +91 11 23273167 फ़ैक्स: +91 11 23275710

www.vaniprakashan.in
vaniprakashan@gmail.com
sales@vaniprakashan.in

CHAMPOO KOI BAYAAN NAHIN DEGA
by Ashok Chakradhar

ISBN : 978-93-5000-243-8
Satire

संस्करण 2014

मूल्य : ₹ 350

सिटी प्रेस, दिल्ली-110 095 में मुद्रित

वाणी प्रकाशन का लोगो मक़बूल फ़िदा हुसेन की कूची से

जनपथ के मन के लिए

चम्पू कोई बयान नहीं देगा

'राष्ट्रीय सहारा' में 'चौं रे चम्पू' के साप्ताहिक सिलसिले को दो साल से ज्यादा समय हो गया। सिर्फ़ एक बार ऐसा हुआ कि चचा और चम्पू बगीची पर बातचीत करते हुए अकेले रह गए, छप नहीं पाए। मौका था दो हजार आठ के दीपावली विशेषांक का। लेकिन सन् दो हज़ार नौ में ऐसा कोई सप्ताह नहीं आया जब चचा और चम्पू की बातचीत न हुई हो और अख़बार के पृष्ठ दस पर इनकी चारपाई न बिछी हो। चचा के सवाल चुटीले बने रहे और चम्पू भी धीरे-धीरे हो गया एक साल में सयाना। किन चीजों पर कितना बोले, थोड़ी-सी समझ आ गई। एक बार तो ठान ही लिया कि कोई बयान नहीं देगा। उसका अच्छा असर हुआ। मौन भी कई बार संवाद में एक बड़ी भूमिका अदा करता है। संदर्भ : हिन्दी अकादमी, दिल्ली की मानद उपाध्यक्षगीरी। गुरू तो गुरू चेले भी हाथ-पांव धोकर पीछे पड़ गए।

चम्पू का अनुभव उससे कहता रहा—

न जाने कितने शिकवे थे,
न जाने कितनी बातें थीं,
हुआ जब सामना उनसे
न वो बोले न हम बोले।

पर चम्पू को दिनकर जी ने यह भी बताया था कि दर्द जब गुमसुम भीतर पलता है तो एक दिन इस्पात बनकर ढलता है। उसने सतर्कता बरती। चीजें इतनी गरम न हो जाएं कि इस्पात बनकर ढलने लगें। चम्पू के सामने फिर दो शेर आ गए—

तू गर दरिन्दा है तो ये मसान तेरा है,
अगर परिन्दा है तो आसमान तेरा है।

छलकने मत दे अभी अपने सब्र का प्याला,
ये सब्र ही तो असल इम्तेहान तेरा है।

बीच में ऐसा समय भी आया कि चम्पू को कोई-कोई भाव ना देता था, पर प्रेमियों का पूरा समाज भरपूर भावना देता था। सज़ा की अनुभूति भी हुई और मज़ा भी आया, पर चम्पू ने ज़्यादा नहीं रोया-गाया। जो कुछ उसके आस-पास घटता रहा, वही उसके लेखन में बढ़ता रहा।

तो आइए चलें! चचा और चम्पू की बगीची पर। और देखें कि सन दो हज़ार नौ में उन्होंने क्या चर्चा-चिंतन किया। चारपाइयां बिछी हैं, बैठिए न!

—अशोक चक्रधर

ashok@chakradhar.com

जनवरी, 2010

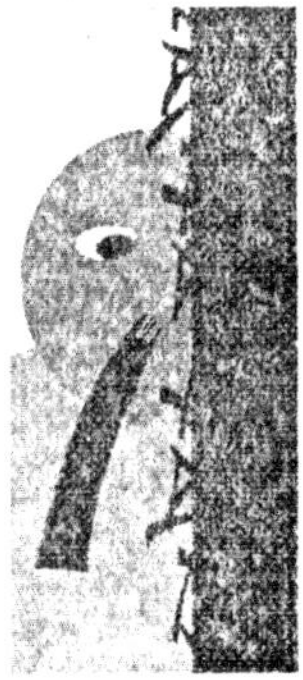

अनुक्रम

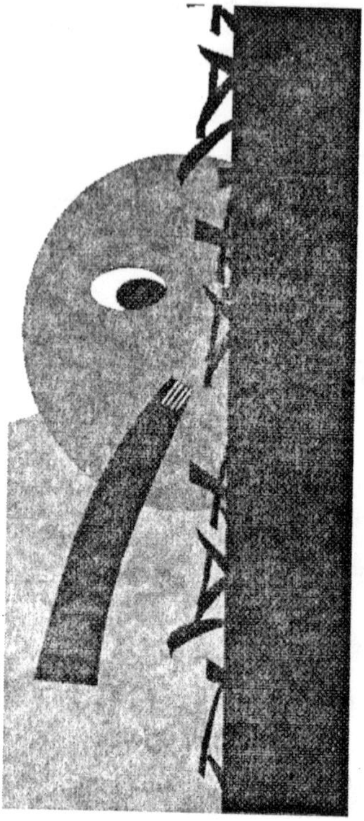

कटाई छंटाई बुरशाई कुतराई की चतुराई

—चौं रे चम्पू! फसल कटाई-छंटाई के अबसर पै गाम में दस-पंद्रै कबीन कूं लै कै एक अखिल भारतीय कविसम्मेलन करायं तौ कित्ते पइसा लगिंगे?

—चचा, भूल जाओ अखिल भारतीय। लाख-दो-लाख से कम में नहीं होते आजकल कविसम्मेलन।

—अच्छा! इत्ते रुपइया! इत्ते की तो फसल ऊ न होयगी। टैक्टर गिरवी धरनौ पड़ैगौ। मैंनै सोची दो-तीन हजार में है जायगौ। संग में देसी घी की साग-पूरी की दावत और रायते में सन्नाटौ कर दिंगे। चल पांच हज़ार सई। बस कौ किरायौ अलग ते।

—अखिल पंचायती कविसम्मेलन भी नहीं होगा चचा। ऐसा करो, मेरा एकल काव्य-पाठ रख लो। फोकट-फण्ड में। गन्ने का रस पिला देना और ताज़ा गुड़ खिला देना।

—अरे हट्ट रे! तेरी कौन सुनैगौ? कबियन की लिस्ट में

थोरी छंटनी कर लिंगे। तब तौ है जायगौ?

—तुम्हें भी छंटनी की महानगरीय बीमारी लग गई चचा।

—चल छोड़ कविसम्मेलन! खिच्चू आटे वारे के चेला रसिया गा दिंगे। तू छंटनी की बता।

—बड़ी-बड़ी कम्पनियां वैश्विक मंदी के नाम पर मोटी और छोटी-मोटी तनख़्वाह वाले कर्मचारियों को धकाधक निकाल रही हैं। महानगरों में नौकरी के भरोसे भारी कर्ज़ लेकर गुलछर्रे उड़ाने वाले नौजवानों में हड़कम्प मच गया है। छंटनी की तलवार हर किसी पर लटकी हुई है। तुम कटाई-छंटाई का उल्लास मनाना चाहते हो और महानगरों में कटाई-छंटाई का मातम चल रहा है। जो छंटनी से बच गए उनकी कटाई चल रही है। तनख़्वाह, पैंशन और इन्क्रीमैंट में कटाई। ग्रामीण और शहरी संस्कृति में यही अंतर है चचा! गांव में खुशी के कारण, शहर तक आते-आते दुःख के कारण बन जाते हैं। छंटनी शब्द वैसे आया गांव से ही है।

—सुद्ध भासा में कहते तौ का कहते?

—कहते कृंतन या कर्तन। जैसे बाल काटने-छांटने वाले कई भाइयों ने दुकान के आगे लिखवा रखा है 'केश कर्तनालय'। जब से इन दुकानों पर केश के साथ फेस पर भी काम होने लगा तब से सब के सब ब्यूटी पार्लर हो गए हैं। जो एग्ज़िक्यूटिव हर हफ्ते ब्यूटी पार्लर जाया करते थे उन्होंने अपने बजट में कटाई करते हुए

पार्लर जाना बन्द कर दिया। वहां बटुआ कर्तन होता था। चचा, एक शब्द और है— बुरशाई। मुद्रण जगत के लोग जानते हैं कि किताबों की बाइंडिंग के बाद बुरशाई की जाती है। बुरशाई, कटिंग मशीन पर कागज़ को बहुत मामूली सा काटने की प्रक्रिया को कहते हैं। आड़े-तिरछे निकले हुए फालतू कागज़ कट कर इकसार हो जाते हैं। किताब चिकनी कटी हाथ में आती है। कुछ कम्पनियों ने छंटाई की जगह अपने खर्चों में बुरशाई शुरू की है। ये ठीक है! आदमी मत निकालो, फालतू के ख़र्चे कम करो। कई एयरलाइंस कम्पनियों ने अपने कर्मचारियों को बिज़नेस क्लास की जगह इकॉनोमी क्लास में सफर करने की हिदायत दी हैं। कुछ कहती हैं कि जाते क्यों हो, टेलिकांफ्रैंसिंग से काम चलाओ। यात्रियों के नाश्ते-पानी में भी कतराई-बुरशाई हुई है। कुछ सॉफ्टवेयर कम्पनियों ने कर्मचारियों को फोकट की चाय-कॉफी पिलाना बंद कर दिया है। फालतू की फोटोकॉपी बाज़ी और कम्प्यूटर-प्रिंटर के इस्तेमाल में चतुराई से कुतराई की है।

—कुतराई?

—हां चचा! कम्पनी के मालिकों की चेतना जब चूहों से मेल खाए तो वे अपने खर्चों को कुतरने लगते हैं। एक आइडिया है, आप तो जानते हैं कि कविता का जन्म करुणा से होता है। जिनकी पिछले दिनों छंटनी हुई है वे ज़रूर कवि बन चुके होंगे। एक छंटनीग्रस्त कवियों

का सम्मेलन करा लीजिए। करना ये होगा कि बस एक-एक पोस्टर बड़ी-बड़ी कम्पनियों के दरवाज़े के बाहर लगा दिया जाए, जिस पर लिखा हो— 'छंटनीग्रस्त कवियों को कविता-पाठ का खुला निमंत्रण'। दस-बीस नहीं हज़ारों में मिलेंगे। बड़ी-बड़ी दर्दनाक, मर्मस्पर्शी कविताओं का मौलिक सृजन सामने आएगा। नाम रखेंगे 'कटाई-छंटाई-बुरशाई कुतराई कविसम्मेलन'। अखिल भारतीय कवि-सम्मेलन के नाम पर होने वाले लतीफा सम्मेलनों से भी मुक्ति मिलेगी। कैसी रही?

—तौ जे बता, मैं अब पांच हजार में ते कित्ते की कटाई-छंटाई-बुरशाई-कुतराई की चतुराई दिखाऊं?

7 जनवरी 2009

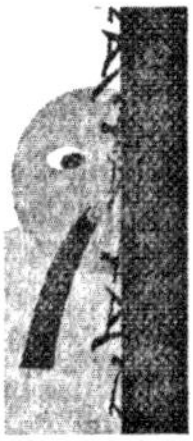

राजनीति या नीतिराज

—चौं रे चम्पू! अनीति समाज ते कब खतम होयगी, जे बता?

—चचा! जब राजनीति के स्थान पर नीतिराज आएगा, तब ख़त्म होगी। नीतिराज अन्दर से आता है, राजनीति बाहर से आती है। अनीति तभी कम होगी जब अन्दर से मनुष्यता के प्रति एक हूक-सी उठेगी कि दूसरा भी मनुष्य है। इसके साथ ऐसा-वैसा सुलूक नहीं करना चाहिए।

—बात तौ जंचउअल कही ऐ, पर खुलासा करकै बताऔ।

—चचा अनीति बढ़ाने में राजनीति का बहुत बड़ा हाथ है। चुनाव आने वाले हैं। हर पार्टी में आंतरिक संकट है। बड़े नेताओं की आपसी लड़ाई। टिकट की मारा-मारी। अन्दर की फूट। लूट की हिस्सेदारी में गैर-बराबरी। लूट की छूट में गैर-बराबरी। आज किसी भी पार्टी के कार्यकर्ता को देख लो। ऐसा हो नहीं सकता कि उसने

छोटा-मोटा अपराध न किया हो। छोटा नहीं, मोटा ही किया होगा। कार्यकर्ता क़ानून हाथ में ले लेता है, खोटा काम करता है, तो बचाना किसका फर्ज़ है? उसके राजनीतिक आक़ाओं का है न? आक़ाओं ने ऐसा बंदोबस्त कर दिया कि धड़ल्ले से क़ानून हाथ में लेकर घूमो प्यारे।

—का मतलब?

—महिला विधेयक वर्षों से अटका हुआ है, लेकिन प्रत्येक पार्टी के महाप्रभुओं ने संसद भवन के अन्दर अठारह मिनट में एक क़ानून में संशोधन कर दिया। सी.आर.पी.सी. की धारा तीन सौ नौ और इकतालीस में। भइया अपराध करो, कोई बात नहीं! तुम्हारा जन्मसिद्ध अधिकार है। और लो, तत्काल जमानत ले लो। सज़ा होगी तब होगी। अब अपराध करते ही सींखचों के अन्दर जाने की बाध्यता समाप्त।

—कैसे अपराध?

—जैसे, धार्मिक उन्माद फैलाओ, धार्मिक भावनाओं पर चोट करो, गाली-गलौज करो, लड़की का सरेआम दुपट्टा खींचो, सरेआम छेड़खानी करो, चोरी-डकैती की कोशिश करो, नकली सिक्के बनाओ, नकली स्टाम्प बनाओ और बेचो। किसी का सिर फोड़ दो। इन मामूली अपराधों के लिए किसी को क्यों बन्द किया जाए? अपराधी जो खुला घूम रहा था और खुल-फैल कर घूमे। चलें तो चलते रहें मुक़द्दमे। चचा, विदेशों की तर्ज पर क़ानून में

संशोधन तो कर दिया पर ये नहीं देखा कि वहां राजनीति के साथ नीति का राज भी चलता है। जिस आदमी को जमानत मिलती है उसे ये पता होता है कि अगर उसने दुबारा ऐसी कोई हरकत की तो उसका अपराध बहुत तगड़ा हो जाएगा... और वहां आबादी भी तो कम होती है, मुक़द्दमे जल्दी निपटते हैं। यहां सात साल तक यह भी तय नहीं हो पाएगा कि अपराध इसने किया भी था कि नहीं। इस दौरान वो इतना बड़ा अपराधी बन चुका होगा कि हथकड़ी भी बेकार।

—हथकड़ी चौं बेकार?

—चचा, सबसे चमत्कारी ज़ेवर है हथकड़ी! जो छोटे आदमी के लिए साइज़ में छोटी होती है और बड़े आदमी के लिए बड़ी। छोटे आदमी के पड़ी, तो उसकी तो ज़िंदगी भर के लिए खटिया खड़ी! बड़े आदमी को पड़ने की संभावना भी हुई तो... उसकी अस्पताल में खटिया पड़ी! और दुःखी रहेगी पुलिस।

—पुलिस चौं दुःखी रहैगी रे?

—अरे चचा, जब डंडा मचलेगा तो किसकी पिटाई करेंगे? सड़क से पकड़ कर चौकी पर तो ले आएंगे, वो अंदर आते ही बाहर निकाल लेगा मोबाइल। पहले तो पूछते थे, साहब जरा एक फोन मिला लूं? थानेदार कड़क कर कहता था— 'तेरी ये हिम्मत, फोन मिलाएगा'! अब अपराधी मोबाइल से वकील बुलाएगा, आकाओं की गुहार लगाएगा। चुनाव जीतना है तो आ जाओ और

जमानत देकर मुझे इस किल्लत और जिल्लत से बचाओ। हर अपराधी इस कानून को अपने हाथ में ले कर चलेगा और कहेगा कि संशोधन हो चुका है, अबे पुलिसिए, तू मुझे हाथ नहीं लगा सकता। चचा, कानून में संशोधन की मार ग़रीब आदमी को पड़ेगी, बेचारा अपने लिए जमानती कहां से लाएगा?

—तब तौ और अनीति बढ़ैगी?

—सौ परसैण्ट बढ़ेगी। अपराधी कहेगा— 'ओ वर्दीधारी! कानून मेरे हाथ में और धारा मेरे साथ में। देख जा रहा हूं, पर जाने से पहले ये तो बता दे कि टॉयलेट कहां है'? पुलिस वाला खिसियाएगा— 'अच्छा टॉयलेट भी अब यहीं जाएगा'? वो बोलेगा— 'हां धारा पर धारा बहाऊंगा'।

—और नीतिराज में?

—नीतिराज तो अंतरात्मा की आवाज़ है। हो सकता है कि बहुत सारे लोगों के अन्दर की आवाज़ एक साथ उठे। घटनास्थल पर ही दे दनादन हो जाए। राजनीति के बनाए नियम ताक पर रखकर, हो सकता है कि भीड़ ही कुछ अपराधों का तत्काल निपटारा कर दे। अनीति बढ़ती है तो कुछ भी हो सकता है चचा।

14 जनवरी 2009

नायक, खलनायक और दखलनायक

—चौं रे चम्पू! समाज के सच्चे नायक कब सामने आमिंगे रे?

—सच्चे नायक अपने आप कभी आगे नहीं आते चचा, आगे लाए जाते हैं। अपने आप आगे आते हैं खलनायक।

—तौ राज खलनायकन कौ ऐ?

—नहीं चचा, लोकतंत्र में खलनायक कभी राज नहीं कर सकते।

—कमाल ऐ? नायक आगे नायं आमैं, खलनायक राज नायं कर सकैं, फिर राज-काज कौन चलाय रह्यौ ऐ?

—वो एक तीसरी प्रजाति है चचा। न नायक, न खलनायक, वे हैं दखलनायक। ये दखलनायक हमेशा दखल देते हैं। नायक और खलनायक आगे न आ जाएं, इसलिए दखल देते हैं। बात थोड़ी उलझी हुई सी लग सकती है चचा।

—तू सुलझाय दै।

—चचा, सब जानते हैं कि खलनायक मूर्ख और अहंकारी होता है। उस पर तरस आता है। अपनी झूठी अकड़ और बड़बोलेपन के कारण उस पर हंसी भी आती है। लोग उससे डरते और किनारा करते हैं। लेकिन सब जानते हैं कि उसे एक न एक दिन मरना है। और खलनायक सदियों से मरते आ रहे हैं। उनके मरने पर खुशियां मनाई जाती हैं। चचा, ये दखलनायक, खलनायक से ज़्यादा ख़तरनाक होता है, क्योंकि, न तो अहंकारी होता है और न ही मूर्ख। न राक्षसी अट्टहास करता है और न बड़बोला होता है। ये सारे काम नेपथ्य में करता है। पर्दे के पीछे। इसका सबसे पहला काम होता है नायकों की काट करना। चचा, नायक और खलनायक दोनों भोले होते हैं। अंतर इतना ही है कि खलनायक अहंकारी होता है और नायक स्वाभिमानी। नायक समर्पण और निष्ठा के साथ जनहित में काम करता है। खलनायक निजिहित में मनमानी। दोनों के द्वारा किए गए कार्यों के परिणाम साफ दिखाई देते हैं। नायक काम का दिखावा नहीं करता। वह श्रेय भी नहीं चाहता पर एक चीज़ उसे सहन नहीं हो पाती।

—वो कौन सी चीज?

—वो ये कि कोई उसके काम पर उंगली उठाए। यही उससे सहन नहीं होता। और इन दखलनायकों का

काम उंगली उठाना ही होता है। पर दखलनायक चालाक होते हैं, वे उसके सामने उंगली नहीं उठाते। महाप्रभुओं को एकांत में उसके बारे में उल्टी सूचनाएं देते हैं। उदाहरण के लिए चचा, हमारे देश में ज्ञान की जितनी परीक्षाएं होती हैं उनमें सबसे कठिन मानी जाती हैं प्रशासनिक सेवाओं की परीक्षाएं, जैसे आई.ए.एस. की परीक्षा। इस देश को आई.ए.एस, आई.पी.एस. और आई.एफ.एस. ही चला रहे हैं। जो इन परीक्षाओं में टॉप करे उसे नायक माना जा सकता है। लेकिन, एक सर्वेक्षण में पाया गया कि इन परीक्षाओं के जितने भी टॉपर हैं वे किसी न किसी कारण से निरंतरता में प्रशासनिक सेवाएं नहीं दे पाए, त्याग-पत्र देते रहे। टॉपर नायकों के सामने स्टॉपर दखलनायक भारी पड़ते रहे। अच्छा-सच्चा और ज्ञानी नायक अपनी स्वाभिमानी प्रवृत्ति के कारण आगे नहीं आ पाता चचा। आगे आते हैं कामचोर, आंकड़ों का जमावड़ा दिखाकर प्रभावित कर लेने वाले चाटुकार। ये अपने अधीनस्थों को दबाते हैं और उच्च-पदस्थों के आगे सिर नवाते हैं। नायक न दबता हैं न दबाता है। खलनायक मारा जाता है। दखलनायक राजकाज चलाता है। समझे!

—दखलनायक के प्रभाव में महाप्रभु चौं आ जायं रे?

—क्योंकि नायक और महाप्रभु में सीधा-संवाद प्रायः नहीं होता। जहां-जहां महाप्रभु नायकों की पहचान रखते हैं, वहां काम अच्छा होता है, लेकिन हमारे देश के

महाप्रभु या तो अंधे हैं या फिर उनके भी अपने धंधे हैं। वे नायकों की उपेक्षा करते हैं।

—ऐसौ चौं भइया?

—महाप्रभु 'ना' सुनना पसंद नहीं करते और नायक हर बात के लिए 'हां' नहीं करता। दखलनायक के पास महाप्रभुओं के लिए 'हां' के अलावा और कुछ नहीं होता और अपने अधीनस्थों के लिए 'ना' के अलावा कुछ नहीं होता। दखलनायक बिचौलिए होते हैं। सीमित ज्ञान से असीमित उपलब्धियां यही लोग प्राप्त कर सकते हैं। ये घर के भेदिए होते हैं, सब जानते हैं। इन्हीं का हर क्षेत्र में हस्तक्षेप होता है और शासन-प्रशासन पर इन्हीं का आधिपत्य चलता है। 'दखल' शब्द उर्दू का है और इसके यही दोनों अर्थ हैं—हस्तक्षेप और आधिपत्य। उदाहरण दे कर समझाता हूं— अगर हम कहें कि किसी के काम में दखल मत दो तो इसका अर्थ हुआ 'हस्तक्षेप मत करो' और अगर कहें कि इस भूमि पर किसका दखल है तो अर्थ होगा, 'किसका आधिपत्य है'। दखलनायक नायक के कार्यों में हस्तक्षेप करते हैं और सत्ता-अधिग्रहण करके आधिकारिक तौर पर आधिपत्य जमा लेते हैं।

—चम्पू! भासा में तेरी दखलंदाजी ते मोय बड़ौ मजा आवै।

21 जनवरी 2009

चित्तकरे के आंसू

—चौं रे चम्पू! तेरौ कुर्ता ऊपर ते भीज चौं रह्यौ ऐ?

—कल से सुखाने की कोशिश कर रहा हूं, सूखता ही नहीं है। जनार्दन चित्तकरे नाम के एक आदमी से गले मिला था, उसी के आंसुओं से तर है। रोया मैं भी था। मैंने अपनी आंखें अपने रूमाल से पौंछीं, यो तो सूख गया, पर कुर्ता सूखने का नाम नहीं ले रहा। थोड़े आंसू नहीं थे, समन्दर भर आंसू थे।

—कौन ऐ जे जनार्दन चित्तकरे?

—चचा, आज हेमंत करकरे को तो सब जानते हैं, जनार्दन चित्तकरे को कोई नहीं जानता। एक अभागा बाप है, जिसके दोनों बच्चे मुंबई में आतंकवादियों की गोली के शिकार हुए। आशीष आठ साल का, दिपाली दस साल की। उनका मामा उन्हें मुम्बई घुमाने ले गया था। चार गोलियां बेटे को लगीं और छः गोलियां बेटी को लगीं। मामा बच गया।

—मामा नै दोऊ बच्चन कूं कवच बनाय लियौ का?

—क्या पता? मैं तो कल एक कविसम्मेलन के लिए गया था अमरावती। चित्तकरे दम्पति को वहां यह सोच कर बुलाया गया था कि सेना और पुलिस के शहीदों के परिवारों को तो हर कोई सम्मानित करना चाहता है, पर जनता में जो निरीह निरपराध मर जाते हैं उनके लिए भले ही मुआवज़े का ऐलान हो जाए पर सार्वजनिक रूप से उनके दुःख में प्रायः कोई शिरकत नहीं होती। गरीब से थे ये दम्पति। संस्था के दो सदस्यों के बच्चों ने अपनी गुल्लक से पचास-पचास हज़ार रुपए निकाल कर चित्तकरे दम्पति को दिए।। इस पैसे से ये सम्पन्न बच्चे अपना जन्मदिन मनाने वाले थे। आठ इंच बाई चार इंच के एक चैक को पकड़ कर दोनों बच्चे मंच पर आए। और जैसा कि उनसे कहा गया होगा उन्होंने चित्तकरे दम्पति को चैक देने के बाद, भारी भीड़ के बीच, उनके पैर भी छुए। यह संदेश देने के लिए कि तुम्हारे बच्चे चले गए तो क्या, हम हैं न उनकी जगह। अच्छी भावना थी चचा! कितनी पहुंची चित्तकरे के चित्त तक, पता नहीं, पर बहुत रोया चित्तकरे। मेरा भी कंधा तर कर दिया उसने। सारी पब्लिक रो रही थी। सबने खड़े होकर मृतात्माओं के लिए एक मिनिट का मौन रखा।

—अब समझ में आई कै तेरौ कुर्ता चौं नायं सूख रह्यौ... और सुन, सूखैगौ ऊ नायं।

—चचा! एक मिनिट का मौन रखने वाले लोगों की

भावनाएं दस मिनिट में सूख गईं। वे फिर से हंसते-खिलखिलाते, ताली बजाते दिखाई दिए। मैं तो बस चित्तकरे को देख रहा था। उसे किसी भी हंसने वाली बात पर हंसी नहीं आई और न ही उसने किसी वीर रस की पाकिस्तान के खिलाफ कविता पर ताली बजाई। उसके दुःख की भरपाई कोई करोड़ रुपए या आना-पाई देकर नहीं कर सकता।

—सही बात ऐ!

—चचा! ये कविसम्मेलन-मुशायरे लोगों की भावनाओं के बैरोमीटर होते हैं। यहां पता चलता है कि जनता क्या सोच रही है। आजकल किसी भी नेता के सोच का पता नहीं चलता, क्योंकि वे चुनाव और सत्ता-गठबंधन के फेर में अपनी विचारधारा छोड़ कर कुर्सीधारा अपनाते हुए, सिद्धांतों का अंत करते हुए, ये सिद्ध करते हैं कि वे ही अंत में कुर्सी के लायक हैं। नेताओं के चरित्र पारदर्शी नहीं रहे। लेकिन जनताओं का अलग-अलग चरित्र सामने आने लगा है। मुशायरों में चले जाएं तो वहां जनता का अलग दर्द सामने आता है कि मुसलमानों को मुख्य धारा में नहीं लिया जा रहा। कविसम्मेलन में चले जाओ तो जनता की मानसिकता में आया यह सोच उजागर होता है कि सारे मुसलमान देश के दुश्मन हैं और नेता लोग उनका पोषण करते आ रहे हैं। धर्मनिरपेक्षता की बातें सभी शांति से सुन लेते हैं, पर ऊपरी मन से। बड़ा सरलीकरण लग रहा होगा ऐसा कहना,

लेकिन कवि और शायर लोग भी अब गरलीकरण से बाज़ नहीं आते। वे जानते हैं कि ताली किस बात पर बजेगी। लिफ़ाफ़े के लालच में ऐसी बातें भी करते हैं जिन्हें वे स्वयं मन से नहीं मानते। गूढ़ समस्याओं का तरलीकरण कर देते हैं।

—और कोई तुक मिला।

—घुमा कर बात का कलीकरण भी कर देते हैं। ख़ैर, मेरी बेतुकी बातें छोड़ो, कविसम्मेलन के बाद भोजन के दौरान एक ऐसी बात हुई जिसमें तुक थी। दोनों बच्चों ने मिलकर एक निर्णय लिया और अपने-अपने पिता को बताया— 'पापा, हम पांच साल तक अपना जन्मदिन नहीं मनाएंगे। पैसा चित्तकरे फैमिली को देंगे'। चचा, बच्चों की चलेगी कहां?

—चम्पू, बच्चन की चलै, न चलै, पर तोय अगर अपनौ कुर्ता सुखानौ ऐ तौ इन बच्चन के पास जा।

28 जनवरी 2009

कहानी का एंड कहां हुआ है

—चौं रे चम्पू! चन्द्र मोहन उर्फ चांद खां की का खबर ऐ? ताजा हालात पे प्रकास डाल।

—चचा, प्रकाश डालने वाला चन्द्रमा इन दिनों अमावस्या का शिकार है। उजाले खत्म, जाले बढ़ गए। जहां तक ताज़ा हालात की खबर का सवाल है, कुछ भी ताज़ा नहीं है, सब बासी है। परकीय प्रेम कोई नई बात नहीं है। मौज-मज़े के बाद आमतौर से प्रेमीगण बेवफाई के लिए ज़माने के आगे ग़ुस्सा हाई करते हुए सफाई देते हुए दिखाई देते हैं और परिणाम होता है जग-हंसाई।

—पहलै नायं सोचैं?

—प्रेम अंधा होता है न। चारों तरफ की फूट जाती हैं। लेकिन, प्रेम न तो जन्मांध होता और न अंधत्व रहता है सदा के लिए। कभी-कभी फूटी आंखें खुलने लगती हैं। तब तक बन चुकती है एक कहानी। आज चांद-फ़िज़ा की कहानी पर कितने ही प्रोड्यूसर फिल्म बनाना

चाहते हैं। एक कम्पनी ने तो फ़िज़ा को ऑफ़र भी दे दिया है कि अगर वह अपनी सच्ची कहानी बताए तो चौबीस करोड़ रुपए फौरन हाज़िर हैं।

—कित्ते करोड़?

—चौबीस करोड़! असली कहानी के नाम पर प्रोड्यूसर चार सौ चौबीस करोड़ कमा लेगा, उसे मालूम है। उसे मालूम है कि मनुष्य सदा का झांकू है। दूसरों के जीवन में झांकने में हर किसी को मज़ा आता है। चचा, मज़ा तो तब आए जब एक नहीं दो फिल्में बनें। कोई प्रोड्यूसर भूतपूर्व उपमुख्यमंत्री और अभूतपूर्व अमुख्य-प्रेमतंत्री चन्द्रमोहन से भी उसकी असली कहानी सुने।

—कहानी तो कहानी ऐ, कहानी कभी असली है नायं सकै।

—क्या बात कह दी चचा! धोखे और बेवफाई के मामले में दूसरा ही दोषी नज़र आता है, इसीलिए मैंने कहा कि फिल्म बनें तो दो बनें। जो प्रोड्यूसर फिज़ा को चौबीस करोड़ देना चाहता है उसके लिए भी ये एक धांसू आइडिया है। चौबीस करोड़ चन्द्रमोहन को भी दे आए और इंटरवल के बाद उसकी कहानी दिखाए। प्रयोग बड़ा सफल रहेगा और इससे पता चलेगा कि इंसान को दूसरे इंसान धोखा नहीं देते, वह अपने आपको दूसरों से ज़्यादा धोखा देता है। आज अनुराधा बाली उर्फ फिज़ा कह रही हैं— 'चांद ने अभी तक मेरी

मुहब्बत देखी है गुस्सा नहीं देखा। मैं पक्की मुसलमान हूं'। चचा, खुद सोचो, कौन मानेगा इस बात को कि इन दोनों ने मुस्लिम धर्म इसलिए अपनाया क्योंकि इस धर्म में उनकी आस्था थी। मुस्लिम धर्म एक महान धर्म है पर ये दोनों प्रेमी किसे धोखा दे रहे हैं? इनके इरादे, वादों से नहीं, बुरादों से बने थे। दोनों ने ऐसे ताशों का महल बनाया, जिसमें राजा रह पाया न रानी, सब जोकर बन कर रह गए। अच्छा, ये बताओ चचा कि फिल्म चलेंगी कि नहीं?

—धड़ल्ले ते चलिंगी।

—हां, फ़िल्मी तरकारी के लिए हर मसाला है इसमें। बाली नामक बाला ने जब फ़िज़ा बनकर फ़िज़ा बदलने की कोशिश की तो चन्द्रमोहन को उसके बेटे ने, बीवी ने, भाई ने इतना पीटा कि चांद के चेहरे पर परमानैंट दाग बन गए। दरअसल, इनका प्यार स्थायी समर्पण का परमानैंट ख़ुमार नहीं था, पांच दिन का बुखार-सुरूर था। सुरूर-बुखार उतर गया तो उतर गया चेहरों से नूर, दोनों हो गए दूर, एक दूसरे के लिए क्रूर और अब दोनों बता रहे हैं खुद को मजबूर। चचा, कहा जाता है कि शादी से पहले स्त्री चन्द्रमुखी नज़र आती है और शादी के बाद ज्वालामुखी। मंच से ये बात कवि लोग कहते हैं तो सारी जनता हंसती है, क्योंकि सबको अपने-अपने अनुभवों के आधार पर बात सच्ची लगती है। पर ये बात सच्ची है नहीं।

—तूई सच्ची बात बताय दै।

—चचा, पहले चन्द्रमुखी में छिपा हुआ ज्वालामुखी नज़र नहीं आता और बाद में ज्वालामुखी में छिपी हुई चन्द्रमुखी नज़र नहीं आती। पहले चन्द्रमोहन में छिपा कामदोहन नज़र नहीं आता और बाद में कामदोहन में छिपा चन्द्रमोहन नज़र नहीं आता। अलबत्ता, प्रेम तो उन दोनों ने ज़रूर किया होगा। भले ही सुरूर-बुखार कि तरह किया हो, अल्पजीवी। दीर्घजीवी हो सकता था, अगर इनका प्रेम होता आत्मा की आवाज़, सामने तख्त होते न ताज, आलोचक समाज होते न प्रेम-कबूतरों के ऊपर बाज, और अचानक गिरने वाली गाज भी न होती। अभी क्या है, अभी तो इंतज़ार करो चचा, कहानी का एंड कहां हुआ है।

4 फरवरी 2009

तुम डरो नहीं वैसे डर कहां नहीं है

—चौं रे चंपू! दुनिया जमाने में का हलचल ऐ?

—चचा, महा प्यार महोत्सव, यानी चौदह फरवरी, यानी वेलैंटाइन डे, जिसे पंडित ओम व्यास प्रेम चौदस कहते हैं, आने वाली है। तीन दिन रह गए हैं। एक टीवी चैनल ने हड़कंप मचाया हुआ है। आने वाले चार दिन आपके बच्चों पर भारी। संकट मंडरा रहा है नौनिहालों पर। अपने बच्चों से हाथ धो बैठेंगे, अगर वे कंप्यूटर पर बैठे। वे लड़के जिनकी गर्ल फ्रेंड नहीं हैं और वे लड़कियां जिनके बॉय फ्रेंड नहीं हैं, एक भयंकर बीमारी की चपेट में आने वाले हैं।

—का नाम बतायौ बीमारी कौ?

—स्पीड डेटिंग चचा। तुम्हारे ज़माने में यह बीमारी नहीं थी। यह ऐसी वेबसाइट है जो युवा होते बच्चों को फांसती है। इन बालकों में आमने-सामने प्रेम प्रस्ताव रखने की हिम्मत चूंकि नहीं होती, इस तरह की

वेबसाइट्स हौसला देती हैं। लड़कियां अजनबी लड़कों से और लड़के अजनबी लड़कियों से प्रयोग बतौर बिना संकोच मिलेंगे। नेह के साथ देह की भाषा में भी बात कर सकते हैं। अनर्थ हो जाएगा, प्रलय आ जाएगी।

—जे कोई नई बीमारी नायं, तू नई मानैं का?

—मैं तो एक चैनल की बात कर रहा था। युवा होते किशोरों में चैन कहां होता है। एक तो वसंत की ऋतु, ऊपर से बाबा कामदेव का शर-संधान, ऐसे में बाबा रामदेव या बाबा नामदेव की कौन सुनेगा?

—चम्पू! अगर तोय बाबा कामदेव की स्पीच लिखनी होय, तौ तू का लिखैगौ?

—वैरी ईज़ी चचा।

—चल सिंहासन पै बैठ जा और कामदेव की तरह बोल।

—मैं कभी सिंहासन पर नहीं बैठा। मैं तो हृदयों पर राज करता हूं। दिल-द्वार से प्रविष्ट होकर मनुष्य के संपूर्ण अस्तित्व पर विराजता हूं। मेरा साम्राज्य व्यापक है। मैं काष्ठ की कुर्सी पर नहीं बैठने वाला। उस पर उल्लू बैठते हैं। मैं तो लल्लू के कलेजे में, लल्ली के भेजे में बैठता हूं। मेरा प्रवेश निर्बाध है। लड़की सोती है, बेख़बर सोती है, मां आती है और उसे ढक देती है। इसे कोई देख न ले। क्या वह उसके सपनों को ढक सकती है? मैं सपनों में प्रवेश कर जाता हूं। सपने की बेपर्दगी को न मां ढक सकती है न बाप। क्या समझे आप?

—समझ रए ऐं, समझ रए ऐं, बोले जा!

—सिंहासन की बात न करना मुझसे। मैं सिर्फ़ महलों में ही नहीं रहता। उन झोंपड़ियों की ओर देखो। वहां जो श्रमिक युवक-युवतियों के जोड़े हैं, उनमें भी रहता हूं मैं। भिक्षा मांगने वाले और रिक्शा चलाने वाले के अंदर भी हूं। तुम समझते हो केवल कंप्यूटर चलाने वालों में रहता हूं। नहीं, नहीं, नहीं! रिक्शे वाला युवक जब अपनी दिलरुबा को बिठा कर ले जाएगा तो उसके पैडल हवा से बातें करेंगे। इस ऋतु, इस उम्र और इस मस्ती का कोई मुकाबला नहीं।

—हां, डुकरिया ऊ नाचै, जब होय बसंत की पांचै।

—पहरे हर युग में बिठाए गए। क्या कोई मुझे रोक पाया? मैं विदेह हूं, पर युवाओं की धड़कन बनकर देह में प्रवेश करता हूं। मैं स्नेह की झड़ी हूं। जिज्ञासाओं की लड़ी हूं। मेरे धनुष के वाण पुष्पों से बने हैं। हार बनकर प्रहार करते हैं। मेरा मामला विचित्र है। कंकड़ी हो, सीटी हो, चिट्ठी हो या कंप्यूटर, ये सब तो प्रारंभिक माध्यम भर हैं। मेरा प्रेमाचारी संवाद तो नयनाचार से प्रारंभ होता है। नयन चार होते हैं। 'बिना प्रत्यंचा की भौंह की कमान हैं, औ' तिरछी चितवन के टेढ़े से बान हैं, सीखी अनोखी धनुर्विद्या कहां से है? चंचल है चित्त पर अचूक संधान है'। एक शायर ने कहा है— ख़ता करते हैं टेढ़े तीर, ये कहने की बातें हैं, वो देखें तिरछी नज़रों से, ये सीधे दिल पे आते हैं।

—भाषण से शायरी पे आ गया चंपू।

—मैं कहीं से कहीं जा सकता हूं। ये ऑर्कुटिंग, स्पीड डेटिंग मेरे धनुष के नए वाण हैं। माताओ और पिताओ! चाहो तो निश्चिंत रहो, चाहो तो डर जाओ। बच्चों पर भरोसा रखो। ये हर युग जैसे ही बच्चे हैं। बच्चे सदा ऐसे ही होते हैं। कहीं-कहीं कच्चे लेकिन सच्चे। वेल इन टाइम मैं वेलैंटाइन बनकर इनके पास जाता हूं। माताओ पिताओ डरो नहीं। भवानी दादा ने लिखा था—

तुम डरो नहीं, वैसे डर कहां नहीं है,
कुछ ख़ास बात पर डर की यहां नहीं है।

11 फरवरी 2009

हट जा ताऊ पाच्छै नै

—चौं रे चंपू! कोई खुसी की बात है तेरे पास?

—चचा ख़ुशी की बात ये है कि आप भी स्वस्थ हैं, मैं भी स्वस्थ हूं और हम दोनों व्यस्त और मस्त हैं।

—कोई और बात बता लल्ला।

—अच्छा सुनो! अमरीका में इन दिनों हरियाणवी का हल्ला है। इस आर्थिक मंदी के दौर में जहां बड़ी-बड़ी कंपनियों से लोग निकाले जा रहे हैं, वहीं ओबामा के प्रशासन तंत्र ने हज़ारों पदों के लिए आवेदन मांगे हैं।

—जामें हरियानवी हल्ला का भयौ?

—चचा तुम्हारे अंदर उतावली बहुत है। बता रहा हूं। सुनो तो सही। आवेदन फॉर्म में अंतरराष्ट्रीय अनुभव कॉलम के अंतर्गत विश्व भर की एक सौ एक भाषाओं के नाम दिए गए हैं, जिनमें बीस भाषाएं भारत की हैं। पूछा गया है कि इन भाषाओं में से आवेदनकर्ता किन-किन भाषाओं को जानता है। मज़े की बात ये है कि भारत

की बीस भाषाएं सारी की सारी वे नहीं हैं, जो भारतीय संविधान की भाषा-सूची में शामिल हैं। छः भाषाएं ऐसी गिनाई गई हैं, जो हमारे संविधान में अभी तक अधिकृत नहीं की गई हैं।

—अच्छा! जैसे?

—हरियाणवी, भोजपुरी, अवधी, छत्तीसगढ़ी, मगही और मारवाड़ी, ये संविधान की सूची में नहीं हैं।

—संविधान में कित्ती और कौन-कौन सी ऐं?

—बाईस हैं चचा— असमी, बांग्ला, गुजराती, हिन्दी, कन्नड़, मलयालम, मराठी, नेपाली, उड़िया, पंजाबी, सिंधी, तमिल, तेलगू, उर्दू, बोडो, डोगरी, कश्मीरी, कोंकणी, मैथिली, मणिपुरी, संस्कृत और संथाली। इनमें से आख़िरी आठ भाषाएं अमरीकी आवेदन-पत्र में नहीं हैं।

—अब दो सवालन कौ जवाब दै। पहलौ जे कै जो भासा ओबामा नै सामिल करीं वो हमारे संविधान में चौं नाऐं? और जो भासा हमारे संविधान में हतैं वो सारी की सारी ओबामा की सूची में चौं नाऐं?

—चचा! पहला सवाल भारत सरकार से पूछो, दूसरे का जवाब ये है कि अमरीका किसी की नहीं, सिर्फ अपने जासूसों की मानता है। जासूसों ने यहां जैसा देखा-सुना होगा वैसा वहां जाकर बताया होगा। अमरीका का भाषाई जासूस जब गुड़गांव में घूम रहा होगा तब उसका साबका पड़ा होगा हरियाणा के कितने ही बाशिंदों से,

क्योंकि ज़्यादातर अमरीकी कम्पनियां गुड़गांव में हैं। वहां बोली जाती है हरियाणवी। उसने सड़क चौराहों पर सुना होगा— 'हट जा ताऊ पाच्छै नै', 'के कर रह्या सै बावड़ी बूछ', 'तन्नै ना बेरा कुछ बी', अधिकारपूर्वक बोले गए ऐसे दमदार संवाद सुनकर भाषाई जासूस ने नतीजा निकाला होगा कि यही आधुनिक भारत की सर्वाधिक सशक्त भाषा है। जासूस की रिपोर्ट के आधार पर अमरीकी भाषा-शास्त्रियों ने हरियाणवी पर इतना काम कर डाला होगा जितना कोई हरियाणवी भाषा अकादमी न कर पाई होगी। मुम्बई में अमरीकी भाषाई जासूसों ने देखा होगा कि भोजपुरी, मगही, अवधी बोलने वाले इतने अधिक हैं कि मराठी माणूस उनसे घबरा गए। सूची में जुड़ गईं तीन और भाषाएं। फिर वो भाषाई जासूस छत्तीसगढ़ के आदिवासी क्षेत्रों में घोटुल प्रथा के आरपार वाले फोटुल अभियान पर गया होगा, वहां उसे छत्तीसगढ़ी सशक्त लगी होगी। मारवाड़ी लोग दुनिया के किसी भी इलाक़े में चले जाएं, अपनी भाषा और संस्कार नहीं छोड़ते। बड़े उद्योगपतियों में से अधिकांश मारवाड़ी हैं, इसलिए चुनी गई होगी मारवाड़ी भाषा। तो समझे चचा! आर्थिक, राजनीतिक, सामाजिक और सांस्कृतिक कारणों से हमारे यहां सूची बनी। उन्होंने सड़किक, चौराहिक, कारोबारिक, आरपारिक और सांस्कारिक अनुभवों के आधार पर इन छः भाषाओं को चुना होगा। हम इन भाषाओं को हिन्दी की बोलियां

समझ कर आदरास्पद स्थान नहीं दे पाए। अब जब अमरीका ने इनकी ताकत को पहचाना है तो हो सकता है हमारे रहनुमा भी ध्यान दें।

—ब्रज भासा चौं नायं आई?

—अमरीकी भाषाई जासूस ने देखा होगा कि ब्रजवासी एक अदद संतुष्ट प्राणी है। वह अपने गोकुल में इतना मस्त है कि ग्लोबल नहीं होना चाहता और न अपने बल का ग्लो किसी को दिखाता है। बल तो हरियाणवी और भोजपुरी में है। अब मैं भी तुम्हें चचा नहीं, ताऊ बुलाऊंगा और कहा करूंगा— ऊटपटांग क्वश्चन मन्ना बूज्झै कर ताऊ! आन्सर ना धूं त मेरी पूंछ पाड़ लेग्गा? ईब म्हारी हरयाणवी इंटरनैसनल सै। अब ई वर्ल्ड मा भोजपुरिया धमक होइबे करी।

18 फरवरी 2009

एक बटन की छुअन से सीट भसम हो जाय

—चौं रे चंपू! पिछले हफ़्ता सबते खराब बात का भई? जे बता!

—चचा लोकसभा स्पीकर सोमनाथ चटर्जी ने अपना श्राप वापस ले लिया। ये बात सबसे ख़राब हुई।

—कैसौ सराप? और कौन कू दियौ सराप?

—उन्होंने श्राप दिया था उन सांसदों को, जो सदन में हंगामा कर रहे थे—जाओ! मैं चाहता हूं तुम सब अपने-अपने क्षेत्र में हार जाओ, कोई भी न जीते। अपने सात्विक क्रोध में दुर्वासा बने हुए जब वे श्राप दे रहे थे तब मुझे बड़ा अच्छा लग रहा था। बड़े भोले, सरल और क्यूट से आदमी हैं सोमनाथ चटर्जी। सबका ख़्याल रखते हैं, झूठ नहीं बोलते। चचा, कोई सच्चा आदमी दिल से दुआएं दे तो दुआएं लगती हैं और दिल से श्राप दे तो श्राप भी लग जाते हैं। सांसदों के अनियंत्रित हंगामे में वे कई बार स्वयं को निर्बल अनुभव करने लगते हैं। ऐसी

हालत में उनका चेहरा कबीरदास जैसा हो जाता है और गाता है— 'निर्बल को न सताइए, जाकी मोटी हाय, मुई खाल की सांस से, लौह भसम हो जाय'। लोकसभा में स्पीकर से ज्यादा निर्बल कोई नहीं होता, हालांकि वह भी धीरे-धीरे मोटी खाल वाला हो जाता है, पर हमारे सोमनाथ चटर्जी मोटे होते हुए भी मोटी खाल के नहीं हो पाए। इसलिए, सांसदों को उनकी हाय सचमुच लग सकती थी। लग जाती तो एक भी उद्दंडी सांसद अपने क्षेत्र से जीत कर नहीं आ सकता था। गड़बड़ क्या हुई कि अगले दिन के अख़बारों में सोमनाथ जी का बयान मुख पृष्ठ पर छप गया। उन्होंने जब पढ़ा होगा तब उनको लगा होगा कि भैया श्राप क्यों दूं किसी को? सो अगले दिन ही वापस ले लिया। न केवल श्राप वापस लिया उल्टे वरदान भी दे दिया कि जाइए जिनको मैंने कहा था कि हार जाएं, वे सब जीत जाएं। सरल हृदय व्यक्ति श्राप देकर ख़ुद दुखी हो जाता है।

—ऐसौ ना होय करै चम्पू! आज सराप दै देओ और कल्ल वरदान। सराप दै दियौ तौ दै दियौ। सराप ते मुक्ती पानी ऐ तौ सास्त्रन में जाइकै देखौ कै जाकौ तोड-अ कैसै होय।

—कैसे का होय चचा। जीतना-हारना तो इस पर निर्भर करता है कि वोटर की निगाह में आप कैसे हैं। सोमनाथ चटर्जी ने जिस समय श्राप दिया था, तब वे बार-बार आगाह भी कर रहे थे कि आपको आपके क्षेत्र का

वोटर देख रहा है। उन्होंने देशवासियों से भी कहा कि देख लो अपने सांसदों का आचरण। इन्हें सरकार की ओर से कोई सुविधा नहीं मिलनी चाहिए। इनका आचरण इतना खराब है कि इनके सारे भत्ते काट लिए जाने चाहिए। यू विल नैवर विन फ्रॉम योअर कौंस्टीट्वैंसी।

—सराप अंगरेजी में दियौ?

—हिन्दी, अंग्रेजी से क्या फर्क पड़ता है? और श्राप से भी क्या फर्क पड़ता है? वोटर जब देखेगा अपने सांसद का रवैया, तो उसे वोट नहीं डालेगा। तभी तो सांसद हारेगा। सोमनाथ चटर्जी के कहने से कोई हार जाएगा क्या? और बताइए वोटर के वरदान के बिना जीत पाएगा क्या? श्राप का तोड़ यही है कि सांसद अपने इलाके में दंडौती परिक्रमा लगाए, नाटक करे, झूठ बोले, भ्रष्टाचार की कमाई का कुछ हिस्सा ख़र्च करे और बताए कि मेरा आचरण संसद में अगर ख़राब था तो वह तुम्हारे ही हित के लिए था। वोट मुझे ही देना। सोमनाथ जी के श्राप को भूल जाना। तुम तो मुझे ही अपने मतदान का वरदान देना।

—मतदाता ते पहलै सोमनाथ नैऊ तौ ज़ीतिबे कौ बरदान दै दियौ!

—हां चचा! लेकिन हो सकता है कि वोटर दादा सोमनाथ से प्रभावित होकर कबीराना अंदाज़ में कहे— 'वोटर को न सताइए जाकी मोटी हाय, एक बटन की छुअन से सीट भसम हो जाय।' असल श्राप और वरदान देने वाला तो

वोटर है। संसद एक खोटर है। वहां खोटे काम होते हैं। नोटरी तो वोटर है जो सब कुछ नोट करता है और चाहे तो नेता की लॉटरी खोल सकता है। जनतंत्र में किसी एक व्यक्ति के श्राप या वरदान से कुछ नहीं होता चचा। जनता ही दे सकती है वरदान और जनता ही दे सकती है श्राप। क्या समझे आप?

—समझ गए, समझ गए लल्ला! समझ गए कै राजनीत में स्लमडॉग अब करोड़पति नायं है सकै।

—वोटोंवाले नीले आसमान के तले, जय हो! जय हो!! वोटर तेरी जय हो!!!

25 फरवरी 2009

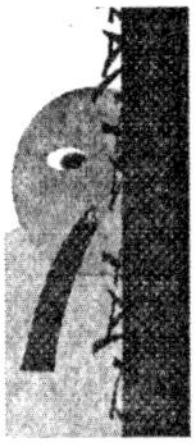

सतगुरु नै आंखें दईं निश्चै करौ निहार

—चौं रे चम्पू! भक्ति कित्ते प्रकार की होय?

—दो प्रकार की— निर्गुण और सगुण। जो भगवान दिखाई न दे निर्गुण और जिसका रूप, रंग आकार हो, जिसकी मूर्तियां हों, जो साक्षात देहधारी हो, वो सगुण।

—हां..आं..! मालुम ऐ, मालुम ऐ। अब बता सगुण भक्ति में अष्टछाप के कवि कौन-कौन हुए?

—सात दास और एक स्वामी हुए चचा। कुम्भनदास, सूरदास, कृष्णदास, परमानंददास, गोविंददास, नंददास, चतुर्भजदास, और छीत स्वामी।

—भौत अच्छे! अब बता चुनाव कित्ते प्रकार के होंय?

—निर्गुण और सगुण चचा। वोटर है भगवान। कहीं उसकी साधना निर्गुण पद्धति से होती है, कहीं सगुण पद्धति से। सगुण भक्ति में वोटर के जाति, धर्म, कर्म, भौतिक इच्छा, आकांक्षा सब मालूम हैं। रोज़गार, शिक्षा, पुल, सड़क, गैस-गोबर, फ्लाई-ओवर सब कुछ ढोल

बजा-बजाकर और अख़बारों में विज्ञापन दे-देकर दिया जाता है। निर्गुण पद्धति में कुछ पता नहीं चलता कि किसने किसको कब कहां कैसे रिझाया। यह बड़ा अन्तर्गत वाला मामला है। सूरदास ने निर्गुण के बारे में गाया था— 'अविगत गति कछु समझ न आवै, ज्यौं गूंगौ मीठे फल कौ रस अन्तर्गत ही पावै'। हमारे देश में वोटर सदा का गूंगा है चचा। मीठे फल जो भी गुपचुप मिलें, उनका अन्तर्गत आनन्द पाता है, बोलता नहीं है।

—ठीक है, ठीक है! अब बता चुनाव आयोग में ऊ कोई अष्टछाप हतै का?

—चुनाव आयोग में सप्तछाप हैं। एक मुख्य चुनाव आयुक्त, दो आयुक्त, चार सह-आयुक्त। यहां भी एक ही स्वामी है, बाकी सब दास। मुख्य चुनाव आयुक्त हैं श्री गोपाल स्वामी, बाकी के नाम गिनाने से क्या? बाकी सारे आयुक्त और सह-आयुक्त नियमों के दास हैं। गोपाल स्वामी भी पूरे चुनाव के दौरान स्वामी नहीं रहेंगे। चुनाव का एक राउंड कराके रिटायर हो जाएंगे। हमारे देश में जब कोई रिटायर हो जाता है तो स्वामी नहीं माना जाता। उसकी हालत दासों से भी ज़्यादा गई-बीती हो जाती है। लेकिन एक वक्त तो चचा ऐसा आता ही है जब मुख्य चुनाव आयुक्त अपने आपको डेमोक्रैसी का इकलौता मसीहा मानने लगता है। गोपाल स्वामी ने पुष्टिमार्गी अष्टछाप वाले छीत स्वामी जैसा लम्बा लाल

तिलक लगा कर ऐलान किया कि नवीन चावला अगले मुख्य चुनाव आयुक्त नहीं बनेंगे। सरकार ने उनकी सिफारिश में व्यक्तिगत ख़ारिश देख कर प्रस्ताव को सिरे से खारिज कर दिया। स्वामी का स्वामीपन पंचर हुआ। बीच चुनाव में नवीन दास से नवीन स्वामी बन जाएंगे खासानुखास नवीन चावला और गोपाल स्वामी हो जाएंगे दासानुदास। चचा, आपको याद होगा एक ज़माने में मुख्य चुनाव आयुक्त शेषन स्वामी ने भी अपनी चलाने की कोशिश की थी। पर कहां चली? शिवसेना में चले गए तो निर्गुण रहे न सगुण। दास रहे न स्वामी। पल्ले पड़ी नाकामी।

—चल सप्तछाप-अष्टछाप छोड़, तू तौ निरगुन और सगुन की व्याख्या ते अपनी छाप छोड़।

—चचा सूरदास सगुण के उपासक होने के बावजूद निर्गुण की महत्ता जानते थे। उन्होंने कहा कि निर्गुण ऐसा परम स्वाद है जो अमित संतोष उपजाता है, मन-वाणी से अगम अगोचर है.... सो जानै, जो पावै। वही जानता है जो इसे पा जाता है। बहुत सारे वोटर ऐसे होते हैं चचा कि वही जानते हैं कि उन्होंने क्या पाया। आश्वासन, वायदे, भविष्य के फायदे, बिना अंटी की रोज़गार गारंटी, ये सब वोटर के लिए निर्गुण भक्ति हैं। पांच साल तक वोटर करता रहता है प्रतीक्षा।

—यानी सरकार नै कछू नायं कियौ?

—चचा, ऐसा नहीं है कि कुछ नहीं किया। काफी चीज़ें

मिली हैं। जिनको सीधे मिल गई हैं, वे ज़्यादा फील-गुड कर सकते हैं। आप तो जानते हैं— 'सुख में फील्गुड सब करैं, दुःख में करै न कोय, जो दुःख में फील्गुड करै, तो दुःख काहे को होय'। हमारी निर्बल-निरक्षर जनता को पिछले इकसठ साल से दुःख में फील-गुड करने का अभ्यास है। अब खुशहाल, मज़बूत भारत निर्माण को भी देखेंगे। चचा, निर्गुण के बढ़ते कदम दिखाई नहीं देते। इसलिए वर्तमान सरकारों ने अपने कार्यों की सगुणता के खूब ढोल पीट लिए। चुनावों की घोषणा के साथ आचार-संहिता लागू हो चुकी है इसलिए अब दोनों प्रकार की भक्तियां निर्गुण शैली में ही चलेंगी। जो प्रत्याशी गुपचुप निरगुनिया दाव-पेंच जानते हैं उन्हीं से वोटर-प्रभु प्रसन्न हो सकते हैं। एक बार वोटर-प्रभु प्रसन्न हो जाएं फिर तो उस पेड़ पर गठबंधन का धागा मज़े से बांधा जा सकता है जिसे काटकर पंद्रहवीं लोक सभा की कुर्सियां तैयार होंगी।

—देखौ, बोटर कौन पै कृपालु होय!

—संत कवयित्री सहजो बाई ने शताब्दियों पहले आधुनिक वोटर के लिए एक दोहा लिखा था— 'निर्गुन सर्गुन एक प्रभु, देखो समझ-विचार। सतगुरु नै आंखें दईं, निश्चै करौ निहार', अर्थात्, हे वोटर! निर्गुण-सगुण तो एक ही हैं, तेरे पास अपनी आंखें हैं, समझ विचार और देख परख कर निर्णय लेना। जय हो सहजो बाई की!

• •

4 मार्च 2009

इम्प्लिमैंट सून बिन पानी सब सून

—चौं रे चम्पू! पुड़िया खोलै चौं नाऐं, रंगन नै घोलै चौं नाऐं रे?

—चचा, पुड़िया खोलूंगा, पर घोलूंगा नहीं। पुड़िया में घुलने वाले रंग नहीं हैं, सूखा गुलाल है। गुलाल का तिलक लगाऊंगा, क्या आपको कोई मलाल है?

—बिना भीजे होली कौ का मजा? सूखी होरी खेलैगौ का?

—सुपर सूखी चचा! दिल भीगने चाहिए। मैंने तो मोहल्ले के सारे बच्चे-बच्चियों और उनके चच्चे-चच्चियों को बताया कि इस बार सिर्फ तिलक वाली होली खेलो। तिलक वाली होली तीन तरह से लकी होती है।

—कैसै-कैसै?

—मैंने बताया, नम्बर एक, आपकी कोमल कमनीय काया कुटिल कल्मषी कैमिकली कलरों से क्लांत नहीं होगी। इस प्रकार आप अपनी काया की किलकार को बचाएंगे। नम्बर दो, आप इस सड़ित सामान जैसे

कीचड़ और कैमिकली कुटिल रंगों से अपने घर बाहर के सामान, सोफा, कालीन, साइकिल, स्कूटर, कार को बचाएंगे और नम्बर तीन, उस सब कुछ को धोने के लिए जितने पानी की ज़रूरत होती उस अमूल्य पानी के भण्डार को बचाएंगे। तिलक से त्रिलकी हो जाएंगे।

—जैसे आज तेरी बात सब मान लिंगे! बता मान गए का?

—हमारा काम था बताना। मानना न मानना उनके ऊपर। एक बौड़म कवि जी हैं मौहल्ले में। मेरी बात काटने के लिए लगे तुक मिलाने और बच्चे लगे खिलखिलाने। मैंने पानी बचाने की बात कही तो नाचने-गाने लगे और पूछने लगे— कौन सा पानी, बता तू कौन सा पानी, अजी हां कौन सा पानी? गागर का पानी या सागर का पानी, अंदर का पानी या बाहर का पानी, आंख का पानी या नाक का पानी, रुतबे का पानी या धाक का पानी, कौन सा पानी? बता दे कौन सा पानी? बचाएंगे कौन सा पानी? शरम का पानी या धरम का पानी, करम का पानी या मरम का पानी, गहरे का पानी या चेहरे का पानी, पोखर का पानी या नहरे का पानी, कौन सा पानी? बता दे कौन सा पानी? बचाएंगे कौन सा पानी? निर्मल पानी या झिलमिल पानी, हलका पानी या बोझिल पानी, दरिया का पानी, गगरिया का पानी, मौत का पानी, उमरिया का पानी, कौन सा पानी? बता दे कौन सा पानी? बचाएंगे कौन

सा पानी? मोती का पानी, मनौती का पानी, काठ का पानी, कठौती का पानी, धार का पानी या लार का पानी, वार का या तलवार का पानी, कौन सा पानी? बता दे कौन सा पानी? बचाएंगे कौन सा पानी? रूप का पानी, सरूप का पानी, पक्के या कच्चे कूप का पानी, छन्ने का पानी या गन्ने का पानी, फोकट का पानी, अधन्ने का पानी, कौन सा पानी? बता दे कौन सा पानी? बचाएंगे कौन सा पानी? छाले का पानी या भाले का पानी, काला पानी या नाले का पानी, जीने का पानी या पीने का पानी, मेहनत का पानी, पसीने का पानी, कौन सा पानी? बता तू कौन सा पानी? बचाएंगे कौन सा पानी? अजी हां, कौन सा पानी? बचाएंगे कौन सा पानी?

—दूर की कौड़ी लायौ बौड़म। तू तौ चक्करघिन्नी खाय गयौ होयगौ?

—चचा, लफ्फाज़ी के आगे हार नहीं मानता हूं, मैंने बौड़म जी को बताया कि भारत में पानी का संकट इस समय सबसे गहरा है। क्योंकि गहराई में भी पानी खत्म हो रहा है। जीने योग्य और पीने योग्य पानी की सप्लाई भारत के अनेक शहरों में दूसरे या तीसरे दिन हो पाती है। ऐसे में होली पर अरबों लीटर पानी चेहरा बिगाड़ने और खूबसूरती को वापस लाने में खर्च हो जाएगा। पहले फूलों के प्राकृतिक रंगों से पिचकारी भरी जाती थी। टेसू के फूल के रंग देह की दीप्ति बढ़ाते थे। दो

चार लोटे जल में सब कुछ धुल जाता था, शरीर खिलखिलाते हुए खुल जाता था। अब ये जो कैमिकली कलर आए हैं, पानी तो पानी पैट्रोल से भी नहीं जाते। एक बार देह से पैट्रोल-कैरोसिन लगी तो उसकी गंध भगाने के लिए फिर लग जाएंगी दस-बीस बाल्टी। मैं इस पानी की बात कर रहा हूं, इसलिए बौड़म जी! पानी से उत्पन्न कल्पना की लहरों को अपनी विकट खोपड़ी के मंच पर मत नचाइए, जो विशुद्ध पानी है न, उसे बचाइए। माना कि आपका अंदाज़े-बयां लासानी है, याद रखिए होली पर बचाए गए इस एक पानी में आपके हर तरह का पानी है। इसलिए तिलक वाली होली को इम्प्लिमैंट करें सून, बिकॉज़ पानी बिन सब सून।

11 मार्च 2009

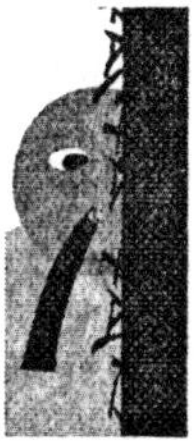

वोटर कित्ते प्रकार के

—चौं रे चम्पू! वोटर कित्ते प्रकार के होंय?

—चचा जिस तरह का हमारा लोकतंत्र है, उसमें वोट बड़ी बेतुकी-सी चीज़ हो गई है। वोटर भी बेतुका बनकर रह गया है।

—का बात कर दई? हमारे महान लोकतंत्र के बारे में तेरे ऐसे बेतुके बिचार! मोय तोते ऐसी उम्मीद ना ईं रे।

—चचा, मुझे अपने देश के लोकतंत्र पर बेहद गर्व है। मेरा विचार अगर आपको बेतुका लग रहा है तो चलिए तुक मिला देता हूं। वोट की जितनी भी तुकें हो सकती हैं, उतने ही प्रकार के वोटर होते हैं। शुरू करते हैं ओट से। पहला वोटर होता है ओटर, जो ओट में रहता है। उसे खोज कर पोलिंग बूथ तक लाना पड़ता है। वोट डालने के नाम पर छिप जाता है, इसलिए उसे खोज कर पोलिंग बूथ तक लाना पड़ता है। अगला खोटर, इसके मन में खोट होता है। खुंदक में किसी को भी वोट डाल सकता है। अगला वोटर है गोटर,

जो दूसरों के लिए भी गोटियां बिछाता है। न केवल खुद वोट डालता है, बल्कि दूसरों से भी अपनी मनवांछित वोटें डलवाता है। नैक्स्ट घोटर! ये वाला वोटर बहुत घोटा लगाता है। मंथन करता है। किसे दूं? अंतिम क्षण तक निर्णय पर नहीं पहुंच पाता। जब तक उंगली पर नीला निशान नहीं लगता, तब तक वह निर्णयं की ओर नहीं बढ़ता। उसका घोटन तभी समाप्त होता है, जब बटन दब जाता है।

—चुप्प चौं है गयौ? आगे बोल।

—तुकें तो सोचने दो चचा। एक होता है चोटर। जिसे बाहुबली पीट देते हैं, क्योंकि उन्हें पता चल जाता है कि वह किसे वोट डालने वाला है। ऐसे वोटर को छोटर भी कह सकते हैं। क्योंकि महान लोकतंत्र में वो पिद्दी-सा है, छोटा-सा है। एक और होता है— टोटर। वह टोटकों का शिकार होता है। गांव के मुखिया और सशक्त लोग उसे धमका देते हैं कि पट्ठे, अगर तूने हमारे उम्मीदवार को वोट नहीं डाला तो डायन पिशाचनी तेरा सर्वनाश कर देगी। और चचा यह तो आप जानते हैं कि नोटर नामक वोटर जिससे नोट लेता है, उसी को वोट देता है। मोटर नामक वोटर तब तक घर से नहीं निकलता, जब तक कि कोई वाहन उसे लेने न आ जाय। एक होता है रोटर, जो एक वक्त की रोटी के लालच में ही आदेशानुसार बताए गए चुनाव-चिन्ह का बटन दबाता है। ओवरकोटर नामक वोटर सिर्फ रोटी से नहीं बहलता, उसे कंबल और ओवरकोट चाहिए। एक होता है लंगोटर, वह इस चिंता में वोट डालने चला जाता है कि कहीं नेता लोग उसका

लंगोट भी छीन कर न ले जाएं। पेटीकोटर मानसिकता का कुंठित वोटर इसलिए बूथ तक आता है कि बूथ पर महिलाएं दिखाई देंगी। अगला विस्फोटर! यह पोलिंग-बूथ को मौका-ए-सनसनी-ए-जुर्म-ए-वारदात बना सकता है। कट्टा-तमंचा साथ लेकर जाता है। गलाघोटर भी इसी संप्रदाय का वोटर होता है। कचोटर वह वोटर है, जिसे वोट डालने के बाद उसकी आत्मा कचोटती रहती है। वह सोचता है कि कंबख़्त जब तुझे अपने चुने हुए प्रतिनिधि को घटिया प्रदर्शन पर वापस बुलाने का अधिकार नहीं है तो चुनकर ही क्यों भेजता है? कुछ वोटर लोटपोटर होते हैं, जिनके लिए चुनाव एक प्रहसन अथवा हास्य नाटक है। अखरोटर किस्म के वोटर दरवाज़ा तोड़ने पर ही घर से निकलते हैं, जैसे—अखरोट की मेवा दम लगाकर तोड़ने से निकलती है। प्रमोटर नामक योटर बुद्धिजीवी होता है, जो जन-जन को वोट की महत्ता समझाता है। उससे भी ऊंचे दर्जे का होता है पेट्रीयोटर। यह मताधिकार का प्रयोग करने में अपनी देशभक्ति की सार्थकता समझता है। सपोटर और सपोर्टर किस्म के वोटर मूलत: नेताओं के पिछलग्गू होते हैं, जो वोट डालने से पहले जिसको सपोर्ट कर रहे होते हैं उसका माल सपोटने में संकोच नहीं करते। उनमें जो श्रेष्ठ होते हैं, उन्हें लोटमलोटर कहा जा सकता है। वे अपने प्रत्याशी के कैम्प में अहर्निश लोटमलोट मुद्रा में पाए जा सकते हैं। वे तामलोट भी अपने प्रत्याशी का ही प्रयोग में लाते हैं। एक होता है मिस्कोटर, जो लोकतंत्र के लिए एक मिस्ट्री है। बातें

तो ऊंची-ऊंची करेगा, लेकिन अपने ऊंचे भवन से निकलेगा ही नहीं।

—सबते सानदार बोटर कौन सौ ऐ रे?

—वह जो स्वयं प्रत्याशी भी है, और इसलिए खड़ा हुआ है ताकि जीतने के बाद नोंचखसोटर, लूटखसोटर और कफनखसोटर बन सके।

18 मार्च 2009

आगे-आगे देखिए होता है क्या

—चौं रे चम्पू! बरुन गांधी नै गीता की कसम खाय कै ऐसौ का कह दियौ रे?

—वरुण ने कहा कि मैं गीता की कसम खाकर कहता हूं कि मैं उस हाथ को काट डालूंगा।

—कौन से हाथ कूं?

—छोड़ो चचा! जो बात मुंह से निकालने की नहीं है, मैं क्यों बोलूं? बहरहाल, जो उसने कहा, अब वह उससे मुकर रहा है। कैमरा झूठा, चुनाव आयोग झूठा, सब झूठे। उसके समर्थक कहते हैं— अरे! कह दी तो कह दी, घबराता क्यों है? तेरे पीछे देश की बहुत बड़ी पार्टी खड़ी है। तेरे पीछे सिर्फ पीलीभीत नहीं, पूरी भगवा भीत है। और तू भी कहां भयभीत है! तू तो उनका युवा गीत है। तू उनकी डूबती नैया की नौजवान पतवार है। .....पर एक बात और मज़ेदार है।

—कौन सी बात?

—उसके ताऊ की बेटी प्रियंका ने कहा कि जिस गीता की कसम खाता है उसे पढ़ भी ले मुन्ना। बड़ी बहन ने सही कहा। अच्छा चचा, मान लो कि उसने गीता पढ़ी भी हो तो गीता एक ऐसा ग्रंथ है जिसकी जो चाहे जैसी व्याख्या कर ले।

—तैनैं पढ़ी ऐ गीता?

—पढ़ी तो है। उसके अनेक भाष्य देखे हैं और टीकाएं भी पढ़ी हैं। गीता को यदि एक धर्म-युद्ध-ग्रंथ मानें तो वह वरुण गांधी के फेवर में जा सकती है और उसको अगर कर्म-युद्ध-ग्रंथ मानें तो वरुण गांधी गलत सिद्ध होते हैं। गीता को ज्ञान, कर्म और भक्ति का समन्वित रूप माना जाता है। महाभारत युद्ध से पहले अर्जुन की आसक्ति दूर करने के लिए कृष्ण ने इसका उपदेश दिया था। बहुत सारे आचार्यों ने गीता की साम्प्रदायिक टीकाएं लिखीं जो वरुण का रक्षा-कवच बन सकती हैं। जैसे कि 'शांकर-भाष्य', लेकिन आधुनिक काल में लोकमान्य तिलक ने 'गीता रहस्य', श्री अरविंद ने 'ऐसेज़ ऑन द गीता' और महात्मा गांधी ने 'अनासक्ति योग' नाम से गीता का नया भाष्य प्रस्तुत किया।

—गांधी की बात तौ बरुन कूं बेबकूफी की लगैं!

—यह बड़े अफसोस की बात है चचा। मैं समझता हूं आधुनिक भारत के सन्दर्भ में गांधी की व्याख्या से बढ़िया गीता की कोई व्याख्या नहीं है। वे मानते थे

कि गीता का मध्य बिन्दु अनासक्ति है। गीता में ज्ञान की महिमा गाई गई है फिर भी गीता बुद्धिगम्य नहीं है, वह हृदयगम्य है, इसलिए अश्रद्धालु मनुष्य के लिए नहीं है। जब तक गीता अच्छी नहीं लगती तब तक समझ लो कि कहीं कुछ कमी है। बड़ी बहन ने वरुण में कमी देख कर ही गीता पढ़ने का उपदेश दिया होगा। चचा, गीता सिर्फ कसम खाने की रसम के लिए नहीं है। इसलिए भी नहीं है कि उसका बहाना लेकर इंसानियत को भसम करने की मुहिम छेड़ो। लोकमान्य तिलक ने कहा था कि गीता धर्म कैसा है? वह सर्वतोपरि, निर्भय और व्यापक है। वह सम है, अर्थात वर्ण, जाति, देश या किसी अन्य भेद के झगड़े में नहीं पड़ता। वह अन्य सब धर्मों के विषय में यथोचित सहिष्णुता दिखलाता है। हमारे वरुण भैया ने निर्भयता तो दिखाई पर उसने अपने कथन के व्यापक परिणाम नहीं सोचे, सहिष्णुता नहीं दिखाई। और भी जो बातें कहीं वो गलत थीं चचा, हमारे देश की आस्थाओं और मूल्यों के विपरीत थीं।

—तू बता, तोय बरुन गांधी की कौन सी बात सबते जादा खराब लगी?

—चचा, हिन्दी का मास्टर हूं, उसकी भाषा में व्याकरण की ग़लतियां मुझसे पच नहीं पाईं, उसने नेता का बहुवचन किया— 'नेते'। माना कि केला का बहुवचन केले, थैला का बहुवचन थैले. चेला का बहुवचन चेले

होता है लेकिन नेता का नेते नहीं होता। उसके जितने भी चुनावी चेले हैं, वह उन्हें प्रसाद में केले दे, चन्दे से थैले भरे, लेकिन नेता को नेते तो न बोले। देखिए चचा, आजकल के बच्चे व्याकरण पर ध्यान ही नहीं देते। नेता का तो बहुवचन भी नेता ही होता है। कितने नेता, कहां-कहां, क्या-क्या बोल रहे हैं? कुछ हैं जो देश की बहू का वचन सुन रहे हैं। कांग्रेस का घोषणा-पत्र जारी हो चुका है। मनमोहन ने भी वरुण को फटकार लगाई है। लेकिन भाजपा के नेते, चुनाव नैया खेते-खेते, हिन्दू वोट के क्रेते-विक्रेते, पिछली से पिछली बार के विजेते, बिना सोचे बिना चेते अपने चहेते की रक्षा में खड़े हो गए हैं। कह दिया सो कह दिया, रोता है क्या? आगे-आगे देखिए, होता है क्या?

25 मार्च 2009

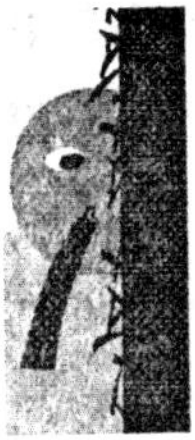

मूर्ख बनाने का मौसम

—चौं रे चम्पू! आज कौन सौ दिना ऐ रे?

—चचा, आज शनीचर है!

—हट्ट! आज तौ बुद्ध ऐ, सनीचर कहां ते भयौ?

—जब तुम्हें मालूम था तो पूछ क्यों रहे थे चचा? हमारे देश में यही सबसे बड़ी मुसीबत है कि जो चीज़ें लोगों को पहले से मालूम होती हैं, उन्हीं को दूसरों पूछते हैं।

—चल ठीक ऐ! पर जे बता कै तैंनै बुद्ध कूं सनीचर चौं बतायौ?

—आज एक अप्रैल है न! मैंने तो सिर्फ बुध का शनीचर किया है, आज शनीचर की कृपा से बड़े-बड़े बुद्धिमानों को उल्लू बनाया जा रहा है। इस चुनावी महामेले में एक दिन क्या, पिछला महीना, ये महीना और अगला महीना, तीन महीने तक मूर्ख बनाने का फुलटॉस आयोजन किया गया है। पार्टियां एक दूसरे को मूर्ख बना रही हैं। नेता अपने उम्मीदवारों को मूर्ख बना रहे

हैं। सादा वर्दी में पुलिस चोरों को मूर्ख बना रही है। चोर वर्दी पहन कर पुलिस को मूर्ख बना रहे हैं। पुलिस की वर्दी जितनी इन दिनों बिक रही हैं उतनी किसी चुनाव के दौरान नहीं बिकीं।

—बरदी पहन कै पतौ नांय का करिंगे बेदरदी!

—कुछ भी कर सकते हैं। दनादन मूर्ख बनाओ महोत्सव चल रहा है। चुनाव में ये पहला मौका है जब विचारधाराएं तो अपने सिर में डालने के लिए तेल लेने गई हैं और जिस सिर को जो सूझ रहा है उसी के अनुसार दूसरों को तेल लगाने की जुगत में है। हमारे वामपंथी भाइयों ने कह दिया कि सरकार बनाने में कांग्रेस अगर चाहे तो हमारा साथ दे दे, हम उनकी सरकार में साथ नहीं देंगे। अब देखिए, ये हुई न ऊंची बात। साथ ले लेंगे पर देंगे नहीं।

—मतलब मूरख बनामिंगे, बनिंगे नायं! पर लल्ला, मूरख बनाइबे वारे खुद मूरख बन जायौ करैं!

—देखिए, वरुण भैया मूरख बन गए। नीचे से फूंक भरी कि कुछ नहीं होगा, कह दे बेटा, जो तुझे कहना है कह दे। जब उसने कह दिया तो शुरुआत में तो नेताओं ने उससे पल्ला झाड़ा कि जी हमारा क्या मतलब, ये तो कांग्रेस की नीति है, हम तो ऐसे बोलते ही नहीं। अब देखिए वही नेता पीछे से सपोर्ट कर रहे हैं। पीलीभीत की पुलिस को कैसा उल्लू बनाया। अचानक जेल के पास से प्रकट हुए वरुण गांधी। धारा एक सौ चौवालीस

को भी मूर्ख बना दिया गया। कलराज मिश्र पता नहीं कौन सी सुरंग़ से उन्हें जेल तक ले आए। मूर्ख बनी पुलिस, मूर्ख बनी पब्लिक, जो जुटाई गई। फिर एक तरफ भीड़, दूसरी तरफ पुलिस का भाड़, जिसमें झौंकी गई जनता। मैया आई, मैया ने पता नहीं किसे मूर्ख बनाया— मेरा बेटा बड़ा बहादुर है, मुझे उस पर गर्व है। गर्व कर मैया, गर्व कर, बेटा ख़ूब नफ़रत फैलाए, हिंसा भड़काए, बहुत बढ़िया। वरुण गांधी एक सप्ताह के अंदर-अंदर हीरो बने या विलन, इस देश में पता लगाना मुश्किल है। हीरो या विलन? जो इसका उत्तर दे वह मूर्ख, जो न दे वह महामूर्ख। चचा, भारत की भावुक महाभावुक यानी कि महामूर्ख जनता कहीं भी मत्था टेक देती है। आप देखिए, भगवानों की कोई कमी थी, जो हर दिन एक से एक हैंडसम और नौजवान भगवान पैदा हो रहे हैं। चैनल बड़े चैन से उन पर फूल बरसा रही हैं, उन पर पैसा लगा रही हैं और विज्ञापन पा रही हैं। राजनीति से तेज ग़ायब हो गया है चचा, तात्कालिक उत्तेजना बढ़ती जा रही है। लोग स्वयं को मूर्ख बना रहे हैं।

—ठीक कह रह्यौ ऐ!

—चचा बीजेपी की छोडो, औरों को भी देख लो। यूपीए के घटक दलों ने कांग्रेस को मूर्ख बनाया फिर कांग्रेस ने मूर्ख बनाया सहयोगी दलों को। ऐलान कर दिया कि हम तो पूरी यूपी में अपने कैंडीडेट उतारेंगे। लालू,

पासवान और मुलायम, जो सत्ता के गलियारों में एक दूसरे को गरियाते थे अब गलयाते यानी गले मिलते दिखाई दे रहे हैं। तो चचा ये अप्रैल के महीने की पहली तारीख के लिए ही नहीं पूरे अप्रैल महीने के लिए मूर्ख बनाने का मौसम है। मौसम को एक्सटेंशन मिलता रहेगा।

—इलाज का ऐ रे लल्ला?

—इलाज भी मूर्ख बनाने से ही होगा। वोटर अगर मूर्ख बना दे इन सबको और समझा दे कि चूंकि हम समझदार हैं, इसलिए समझदार आदमी को ही संसद में भेजेंगे, तब बात बनेगी।

1 अप्रैल 2009

हरी पेंसिल - पीली पेंसिल

—चौं रे चम्पू! प्यार ते मजबूत बंधन कौन सौ ऐ रे?

—चचा! जो लोग समझते हैं कि प्यार का बंधन सबसे मज़बूत होता है, वे मूर्ख हैं। प्यार तो किसी भी नखरीली गैल में रूठने के बाद टूट सकता है, पर एक बंधन होता है कृतज्ञता का, ये बंधन कभी नहीं टूटता। लेकिन.... ये बात कृतघ्नों पर एप्लाई नहीं होती चचा!

—कृतज्ञ कौन और कृतघ्न कौन?

—कृतज्ञ माने अहसानमंद और कृतघ्न माने अहसान-फ़रामोश। एक होशमंदी का उदाहरण देता हूं कि कृतज्ञ होते हैं वोटर और कृतघ्न होते हैं नेता। वोट लेकर वोटर को भूल जाएं ऐसा दुर्गुण नेताओं में पाया जाता है। और वोटर को देखिए! जिसका खाओ उसकी गाओ, जिसका पियो उसके लिए जिओ। इन दिनों वोटर को खिलाने-पिलाने के सारे इंतज़ाम चल रहे हैं क्योंकि हमारे नेता जानते हैं कि खाने-पीने के बाद वोटर जान

दे देगा पर अपनी आन नहीं छोड़ेगा। जिसने अपने महान नेता के हाथ से सौ का नोट ले लिया, जिसके कुनबे ने दो जून की रोटी खा ली, वो अप्रैल-मई में दगा थोड़े ही देगा। जिसने शराब पी ली वह कोई दूसरा बटन थोड़े ही दबाएगा। पोस्टमार्टम के बाद भी अगर उसका हाथ कहीं गिरेगा तो उसी बटन पर गिरेगा। और नेता लोग भी कृतघ्न भले ही हों, जान-बूझ कर तो ज़हरीली शराब बांटेंगे नहीं। ये तो बीच के आंसी-सांसी लोग हैं जो पच्चीस परसैंट से ज़्यादा मिथाइल एल्कोहल मिला देते हैं। नशीले कैप्सूल डाल देते हैं। वोटर पस्त! चक्कर, उलटी, दस्त! पीने वाले की कृतज्ञता देखिए कि पिलाने वाले का नाम तक नहीं बताता। उसे क्या मतलब कि पउए की थैली बांटने वाला ख़ुद रुपयों से थैली भरेगा। उसने पी ली है तो उसी की खातिर मरेगा। कोई नामबताऊ अर्ध-मुर्दा करवट भी लेने लगे तो पुलिस उसकी डंडा-डोली कर देती है।

—नामुराद पुलिस नै बंटाढार कद्दियौ।

—देखो चचा, मैं ज़िन्दा-मुर्दा कुछ भी बर्दाश्त कर सकता हूं, लेकिन पुलिस की निन्दा नहीं। इतने भोले-सरल पुलिस वालों को कुछ न कहना। उनसे महान कौन होगा जो ड्यूटी करते हुए अपने शरीर तक की परवाह नहीं करते। कितनी तोंद बढ़ जाती है, आंखों के पपोटे फूल जाते हैं, हिलने तक में कई बार परेशानी आती है,

फिर भी बड़े अफसर के आने पर खड़े होते हैं। इनकी कितनी ऊर्जा कृतज्ञ और कृतघ्नों के बीच संतुलन बनाने में खर्च होती है। पोस्टमार्टम के बाद कितनी ही विधवाओं ने चाहा कि शव को एक बार घर ले जाने दो पर पुलिस ने उनके पैसे बचवाए— नहीं, सीधे मुर्दघाट लेकर जाओ! फूंक दो! अब इसमें बचा ही क्या है? चचा, हमारी बेचारी भोली पुलिस भूल जाती है कि फूंकने के बाद बचता है विधवा का वोट। विधवा की हाय लग जाय तो लोग पुलिस चौकी को फूंक डालते हैं। वोटरों ने राजौरी गार्डन पुलिस बूथ को फूंक दिया कि नहीं?

—जिन लोगन्नै जहरीली सराब कांड में पुलिस चौकी फूंकी वो कृतज्ञ ऐं कै कृतघ्न ऐं?

—चचा, मुझे कंफ्यूज़ करने की कोशिश मत करो। एक बात सोचो, अख़बार में छाप दिया कि ज़हरीली शराब से पन्द्रह मरे, तीस गम्भीर। मैं आपसे सवाल करता हूं कि क्या इस मुद्दे पर सिर्फ़ तीस लोगों के गम्भीर होने से बात बनेगी। सोचो चचा, सोचो! गम्भीरता से सोचो कि कितने लोगों की गम्भीरता चाहिए। एक पुलिस वाले ने मुझे बताया था कि चोरी, डकैती, कत्ल का अपराधी एक बार मौक़ा-ए-वारदात पर ज़रूर आता है, ये देखने के लिए कि कहीं उस पर तो शक नहीं जा रहा। इसी तरह दो दिन से नेता लोग झुग्गियों में जा-जा कर मरे हुए लोगों से हाल पूछ रहे हैं और मरीज़ों

को श्मशान और कब्रिस्तान में सुविधाएं दिलाने का वादा कर रहे हैं।

—छोड़ इन बातन्नै! एक पार्टी कौ कार्यकर्ता जे दो पेंसिल दै गयौ ऐ। कित्ती अच्छी बात ऐ! तुम पढ़ौ-लिखौ जाके ताईं कैसौ भड़िया प्रतीकात्मक उपहार ऐ।

—वाह चचा! लाओ मुझे दो ये पेंसिल! इन पेंसिलों का पढ़ाई-लिखाई से कोई वास्ता नहीं है। जे. जे. कॉलोनी के कच्ची दारू के ठेके पर हरी पेंसिल के बदले महुआ से खिंची कच्ची शराब मिलेगी और पीली के बदले रम। उस कार्यकर्ता ने तुम्हें पेंसिल का महत्व नहीं बताया क्या? बैठो, मैं अभी लाया दो थैलियां। बगीची पर गिलास तो रखे हैं न? पी कर मर गए तो हरिद्वार में मिलेंगे, नहीं तो यहीं अगले बुधवार को।

8 अप्रैल 2009

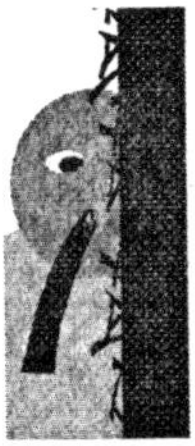

तालिबानी और गालीबानी

—चौं रे चम्पू! भौत देर ते गुम्म बैठौ ऐ, तेरी चक्करदार खोपड़ी कहां घूम रई ऐ रे?

—चचा! चक्कर पकड़ में नहीं आ रहा। इतिहास, पुराण, अतीत, वर्तमान, भविष्य सभी जगह चक्कर लगा के खोपड़ी बार-बार चुनाव पर लौट आती है। नई-पुरानी चैनलों के युवा पत्रकार चटख़ारेदार बयानों को रिकार्ड करने की फिराक में यहां-वहां भटक रहे हैं। विकास, रोज़गार, शिक्षा की बातें उन्हें उबाऊ लगती हैं। नफ़ासत भरे बयान रिकार्ड करके लाओ तो चैनल उस टेप को इरेज़ करके दोबारा दौड़ा देती है— जाओ नफ़ासत की नहीं नफ़ीसा की बातें लाओ, श्वेतकेशी सुन्दरी पर अश्वेत बयान लाओ। लालू का मंच कहां गिरा यह महत्वपूर्ण नहीं है, लालू का बयान कहां गिरा, अब यह महत्वपूर्ण है। लौह-पुरुष बनाम मोम-पुरुष, निडर नेता बनाम डरावना नेता, मज़बूत नेता

बनाम बलबूत नेता, जय हो बनाम भय हो, माया मैया बनाम मेनका मैया, मुदिया बनाम बुढ़िया-गुड़िया, तलवार बनाम रोलर-बुलडोजर, कोई मज़ेदार मुकाबला लाओ न भैया! सो चचा, कैमरा और माइक लेकर नए-नए मीडिया-चूज़े गरमी में स्टोरी चूज़ कर रहे हैं, और इस घात में हैं कि नेता कहां टॉक लूज़ कर रहे हैं।

—तौ ऐसौ का कहि रए ऐं नेता लोग?

—खुल कर गाली दे रहे हैं और चैनल दर्शकों की रिक्तस्थान पूर्ति वाली परीक्षा ले रहे हैं।

—सो कैसै?

—देखो चचा! नेता ने अपने वक्तव्य में मातृ-प्रधान अथवा कोई अवैध पारिवारिक संबंधवर्धक गाली दी, गाली अभद्र है, भदेस है, चैनल पर सुनाई नहीं जा सकती, सो उतने स्थान का ऑडियो गायब कर दिया जाता है। अब तुम अनुमान लगाओ कि क्या गाली दी होगी, जो उतने स्थान में फिट बैठे। परिवार में अच्छी खासी क्विज़ हो जाती है। गालियां हम मुंह से नहीं निकालते, ये बात अलग है, लेकिन भारत में कौन होगा जिसकी मस्तिष्क-वीथिका में एक मोटा-सा गाली-ज्ञान-कोश न रखा हो। इन दिनों युवाओं का गाली-ज्ञान बेहतर पाया जा रहा है। यह बात भी विचारणीय है कि गधा, कुत्ता, लंगूर, पूतना, भैंसा, जल्लाद आदि गाली हैं कि नहीं।

—चुनावन में गारी तौ पहलै ऊ देते।

—तब कैमरे नहीं होते थे न चचा! 'कह मरे' होते थे, जो कह मरा सो कह मरा। पाकिस्तान इन दिनों परेशान है तालिबानियों से और भारत दुःखी है गालीबानियों से।

—वाह! गालीबानी अच्छौ सब्द ऐ! गालीबानी यानी बानी में गाली।

—पहले लौहपुरुष कहा जाता था सरदार पटेल को। उन्होंने कहा था कि बोलने में मर्यादा मत छोड़ना, गाली देना तो कायरों का काम है।

—तोय कैसे मालूम कै उन्नैं जे बात कही?

—चचा, ज़िम्मेदार वोटर हूं, ऐसे ही कुछ नहीं बोलता। किताब मंगा लो 'सरदार पटेल के भाषण', पृष्ठ संख्या दो सौ बत्तीस, ऊपर से पांचवी लाइन। ये एफ.एम. वाले सिड के चुटकुलों की किताब नहीं है। धांसू किताब है, मैंने पन्ना-पन्ना पलट कर देखी है। और मालूम है पलटू साहब क्या कह गए हैं— 'गारी आई एक थी, पलटै भईं अनेक, जो पलटू पलटै नहीं, रहै एक की एक'। गालियों का पलटवार ही हमें गालीबानी बनाता है। गालीदाताओं को अपनी गालियों पर गर्व है क्योंकि चाहिए एक अदद कुर्सी। चचा, त्रेता युग में एक राक्षसी थी सुरसा, जिसके मुंह में हनुमान घुसे और मच्छर बन कर निकल आए थे सहसा। विश्वस्त सूत्रों से यानी इंडिया टी.वी. टाइप एक चैनल से ज्ञात हुआ है कि एक बहन और थी उसकी, जिसका नाम था सुरसी।

वह सुरसी ही इस कलिकाल में बन गई है कुर्सी। इसके मुंह में आदमी मच्छर बन कर घुस जाता है लेकिन थोड़ी ही देर में गाली-गलौज की सहायता से फुल मौज लेता हुआ भैंसे की तरह फंस जाता है। हमारे देश में शादी-ब्याह के मौके पर गालियां गाई जाती थीं। अब शादियों में कम चुनावों में ज़्यादा गाई जा रही हैं। राहुल भैया शादी कर लें तो चुनावों से गालियां शायद गायब हो जाएं। प्रियंका दीदी कुर्सी से पहले शादी ज़रूरी मानती हैं। वरुण को भी चचेरे भाई की शादी में नाचने का मौका मिलेगा तो वह अपने भाषणों से किसी धर्म पर 'इमोसनल अत्याचार' नहीं करेगा। चचा, कुर्सी पर बैठे, न तो कोई मच्छर न कोई भैंसा, वो हो आदमी जैसा।

—बिरकुल ठीक। और का कह रई ऐ प्रियंका?

—पी.एम. की कुर्सी पर भैया को देखना चाहती हैं, लेकिन शर्त वही— पहले सेहरा फिर कुर्सी। राहुल भैया से कई सालों से मिन्नतें चल रहीं हैं पर वे अपनी लजीली-सजीली मुस्कान के साथ टाल जाते हैं। उन्हें कोई कैसे समझाए कि ये कम्बख़्त कुंवारापन तो एक ग़ैर-कांग्रेसी परंपरा है।

—चम्पू! कम्मखत! तू ऊ बन गयौ गालीबानी।

15 अप्रैल 2009

रास्ते नहीं फूटे रास्ते से ही फूट लिए

—चौं रे चम्पू! अधिकार का ऐ और कर्तब्य का ऐ, बता?

—ऐसी भारी-भरकम बात मत पूछो चचा! ऐसे अधिकारों को धिक्कार, जिनका कोई फल न मिले और ऐसे कर्तव्य बेकार, जिन पर ज़िन्दगी व्यय करने के बाद भी कोई पहचान न मिले।

—ऐसी मरी-मरी बुझी-बुझी बात! चम्पू तेरे म्हौं ते सोभा नायं दै रईं! जे तेरे ई बिचार ऐं का?

—मेरे नहीं हैं, पर समझो मेरे ही हैं, क्योंकि आजकल मैं युवा बनकर सोचने लगा हूं। ये आज के युवा के विचार हैं। चचा युवा-मन को समझने की बहुत कोशिश करता हूं। मेरा एक मन कहता है कि इन युवाओं की कर्तव्यहीनता और अधिकार-उदासीनता को तू सह मत और दूसरा मन कहता है कि फौरन सहमत हो जा। आंकड़े दिए जा रहे हैं कि इस समय भारतीय लोकतंत्र की निर्मिति युवाओं के हाथ में है। साढ़े सतहत्तर करोड़ मतदाताओं में दस करोड़ मतदाता ऐसे

होंगे जो पहली बार वोट डालेंगे, यानी ताज़ा-ताज़ा युवा। चउअन प्रतिशत मतदाता चालीस वर्ष से कम उम्र के हैं। इतने प्रतिशत मतदान हो जाए तो गनीमत समझी जाती है। यानी चचा, धुर जवानी अगर चालीस तक की मानी जाती है तो समझिए देश अब सचमुच युवाओं के हाथ में है।

—सवाल जे ऐ कै युवा कौनके हाथ में ऐं?

—किसी के हाथ में नहीं हैं। माता-पिता के होते हुए भी अनाथ जैसे भटक रहे हैं। अधेड़ अभिभावकों के आरोप हैं कि वे कन्फ्यूज़ हैं, दिग्भ्रमित हैं, भटक गए हैं। उनके सामने अब कोई आदर्श नहीं है। कल अख़बार पढ़ रहा था, वरिष्ठ मनोविज्ञानी अरुणा ब्रूटा कहती हैं कि आज के युवा को पता ही नहीं कि आदर्श का क्या मतलब है। जब युवाओं के आदर्श ही बिगड़े हुए हों और शॉर्टकट वाले लोग हों तो आप उनसे अधिक उम्मीद नहीं कर सकते। वरिष्ठ लेखक सुधीश पचौरी मानते हैं कि युवाओं के सामने अब आदर्श आईकॉन नहीं बनते, आइटम निर्मित होते हैं। युवा-वर्ग आइटमों से काम चलाता है, वह आईकॉनों को भूलने लगा है। आइटम भी अति चंचल और क्षणभंगुर! सिर्फ़ उतनी देर रहते हैं जितनी देर आप उन्हें उपभोग करें। वरिष्ठ पत्रकार विभांशु दिव्याल बहुत सारी चिंताएं गिनाने के बाद कहते हैं कि युवाओं की भूमिका और भागीदारी को लेकर चिंतित होने की जरूरत नहीं है। चिंता उनके सामने विकल्प प्रस्तुत करने की होनी चाहिए।

—तू अपनी बता!

—सन उन्नीस सौ उनहत्तर में अठारह साल का युवा हुआ करता था मैं। वह वर्ष गांधी की जन्मशती का वर्ष था। गांधी का आईकॉन दिल-दिमाग में ऐसा घुसा कि 'बांह छाती मुंह छपाछप' रगड़ूं धोऊं तो भी आज साफ नहीं होता। आज अठारह का बनकर देखता हूं तो पाता हूं कि गांधी करैंसी नोट पर आइटम बनाकर पेश किए जा रहे हैं। दो अक्तूबर ड्राई-डे होता है। उपभोक्तावादी दौर में गांधीगिरी थोड़ी देर रहती है और संजय दत्त की तरह सक्रिय राजनीति में शामिल होकर साफ हो जाती है। सन उन्नीस सौ उनहत्तर में ही मैंने मुक्तिबोध की एक किताब पढ़ी थी, जो मथुरा में सुधीश पचौरी ने दिल्ली से लाकर मुझे दी थी— 'नई कविता का आत्मसंघर्ष' । उसमें नई कविता का कम, युवा-मन का आत्मसंघर्ष अधिक था। मध्यवर्गीय युवा एक कदम रखता था तो सौ राहें फूटती थीं। कदम भले ही गांधी जी के कहने पर रखा हो, गौडसे के कहने पर रखा हो या मार्क्स के कहने पर, क़दम रखा जाता था। फिर सौ राहों के विकल्पों में बड़े-बड़े सिद्धांतों अथवा सिद्ध-अंतों से प्रभावित होता हुआ, कर्तव्य, अधिकार और विचार की राह पर चल पड़ता था। आज आलम ये है चचा कि सौ रास्ते सामने हैं पर नौज़वान उन पर कदम रखने के बजाय उन रास्तों से ही फूट लेता है। चालीस साल पहले जो धांसू विकल्प आते थे, उन पर सोचने-विचारने का सुकून भरा समय होता था। आज इस उपभोक्तावादी आपाधापी में न तो युवाओं के पास सोचने का समय है और न उन्हें कोई विकल्प धांसू लगता है। ज्ञान

और सूचनाओं की ऐसी बाढ़ आई है कि दिल और दिमाग के बांध टूट गए हैं। समस्या पहला कदम रखने की है।

—तौ बता नौजवान पहलौ कदम का रक्खैं?

—अपने मताधिकार का कर्तव्य की तरह पालन करें। वोट डालने ज़रूर जाएं। भले ही बाद में गाएं— 'वोटर गारी देवे, पार्टी जी बचा लेवे, मतदान गेंदा फूल। प्रत्याशी छेड़ देवे, मीडिया चुटकी लेवे, मतदान गैंदा फूल।

22 अप्रैल 2009

अन्दर बाहर ऊपर नीचे की हवा

—चौं रे चम्पू! चुनावी हवा कित मांऊ बह रई ऐ रे?

—चचा, बताना मुश्किल है। हवा किधर भी बहे पर प्रत्याशियों की हवा ख़राब है। पहले चुनाव सभाएं पैमाना हुआ करती थीं, पर महानगरों में इस गर्मी में कोई घर से निकलने को राज़ी नहीं है। जुलूस झुलस गए हैं। मालाएं मुरझा रही हैं। हेलिकॉप्टर का पंखा हवा कैसे करता है, ये देखने के लिए ग्रामीण अंचलों में भीड़ इकट्ठा हो जाती है। चुनाव आयोग के पास जाने वाली सी. डी. इन दिनों हवा बन्द करने के लिए बड़ा अच्छा ढक्कन बनी हुई हैं। प्रत्याशियों को हवा अन्दर से, बाहर से, ऊपर से और नीचे से हर तरफ से परेशान कर रही है।

—जे अन्दर बाहर ऊपर नीचे की हवा कौन-कौन सी ऐं रे?

—सिलसिले से बताता हूं। पार्टी के अन्दर अपने ही लोग

क्या काट-मार कर रहे हैं, ये अन्दर की हवा से पता चलता है। बाहर की हवा, प्रत्याशी लोग साइकिल, रिक्शा, स्कूटर ख़ुद चला कर खा रहे हैं। नीतीश ने बिहार में रिक्शे पर बैठ कर अभियान शुरू किया था तो कल कपिल सिब्बल सोलर रिक्शा चला रहे थे। बसपा के एक प्रत्याशी के पक्ष में पार्टी के ज़िला महासचिव ने नोटों की गड्डियां हवा में खुलेआम उछालीं। काले धन ने बाहर की हवा खाई।

—जे तौ ऊपर की हवा भई!

—नहीं चचा, ऊपर की हवा अलग है। वो है जादू-टोना, तंत्र-मंत्र। प्रत्याशी पी गए लाज-हया घोट के। डॉलरों के खर्चे हैं, चर्चे नहीं नोट के। नाटक हैं, त्राटक हैं, फाटक हैं वोट के। वोटों को खींचने के नए-नए टोटके। गांवों-क़स्बों में ऐसे-ऐसे नज़ारे हैं कि शरीर सुन्नत्व को प्राप्त होने लगा है। अन्धविश्वासों की हवा में जो नुक्कड़-भुक्कड़ नाटक चल रहे हैं उन्हें देख कर रूह रॉक-एन-रोल करने लगी है। श्मशानों में ग़ज़ब की रौनक है। चौराहों पर सिन्दूर, दिए और तरह-तरह के पुए-पकवान अचानक प्रकट हो जाते हैं। पंडितों, ज्योतिषियों, कापालिकों और तांत्रिकों के लिए टोटकोत्सव चल रहा है।

—प्रत्यासी ते कछू कराय लेउ, करैगौ भैया करैगौ।

—हां, एक पण्डित ने उम्मीदवार को मतदाताओं के पैरों के नाखून तीन बार छू कर आंखों पर लगाने का

टोटका बताया। उम्मीदवार लगा हुआ है। रीढ़ की हड्डी शाम को सीधी नहीं हो पाती। अगले दिन फिर मतदाताओं से निवेदन करना पड़ता है कि कृपया नंगे पैर आएं और उम्मीदवार को उनसे आशीर्वाद पाने का मौका प्रदान करें। एक प्रत्याशी के चमचे प्रचार कार्य छोड़ कर पिछले चार दिन से काला कुत्ता ढूंढने में लगे हुए हैं क्योंकि किसी राजनैतिक तांत्रिक ने बताया है कि रात के एक बज कर एक मिनिट एक सैकिण्ड पर काले कुत्ते को इमरती खिलाने पर ही उसकी जीत मुमकिन है। मतगणना तक अगर काला कुत्ता नहीं मिला तब तो बेचारा मारा ही जाएगा। टोटकों की आंधी में विरोधी भी सतर्क हो गए हैं। एक उम्मीदवार को कापालिक ने बताया कि विरोधी के पैर की मिट्टी और नए शव की राख में सिन्दूर मिलाकर अपने ललाट पर मलोगे तो जीत सुनिश्चित है। यह बात किसी दल-बदलू ने विरोधी तक पहुंचा दी। तब से वह विरोधी न तो अपने जूते उतार रहा है और न अपने समर्थकों की गोदी से उतर रहा है। ऐसे टोटकायुगीन चुनावी माहौल में प्रत्याशियों ने अपने कपड़े तक बाहर सुखाना बन्द कर दिया है। कहीं कोई विरोधी कपड़ों पर तंत्र-सिद्धि करके उसे हरा न दे। नव-शव की राख के लिए मुर्दघाटों पर लाइन लगी हैं। देखते हैं कि अगले चरण में मतदान की लाइन में कितने लोग आते हैं। टोटका देवो भव। टोटका शरणम् गच्छामि।

—गोधरा-गुजरात कौ भूत ऊ तौ निकरि आयौ! मोदी की जांच होयगी?

—मामला साढ़े सात साल से चल रहा है। शायद शनि की साढ़े-साती टूटी हो, पर जांच का सिलसिला आगे कब तक और चलेगा, कौन जाने? ऊपरी हवाएं ही बता सकती हैं। विशेष जांच दल को निर्देश है कि तीन महीने में रिपोर्ट पेश करेगा। तब तक तो चुनाव हो चुके होंगे। सरकार बन चुकी होगी।

—छोड़, अब तू नीचे की हवा की बात कर?

—नीचे की हवा दृष्टि और अनुभूतियों से परे है। वही वोटिंग मशीन की हार्ड ड्राइव को घुमा रही है। इस हवा की हाय भारी पड़ती है चचा, पहले भी आपको एक दोहा सुनाया था मैंने— वोटर को न सताइए, ताकी मोटी हाय, एक बटन की छुअन से, सीट भसम हो जाय।

29 अप्रैल 2009

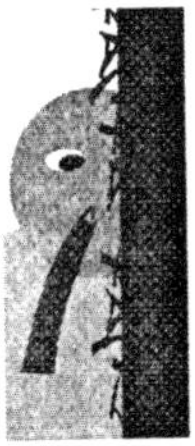

पोलियो ड्रॉप्स की तरह पोलिंग ड्रॉप बॉक्स

—चौं रे चम्पू! प्रचंड का ऐ रे?

—चचा, कुछ भी स्थायी रूप से प्रचंड नहीं है। न तो नेपाल में, न दिल्ली में।

—नेपाल की तौ समझ में आई, पर दिल्ली ते का मतलब ऐ?

—वहां प्रचंड प्रधानमंत्री नहीं रहे, यहां प्रचंड गर्मी नहीं रही।

—जे बात मानी!

—चचा कुछ भी स्थायी नहीं है। आज नेपाल में प्रचंड ने यह कहकर इस्तीफा दे दिया कि मैं विदेशी तत्वों तथा प्रतिक्रियावादी बलों के दबाव में आकर सत्ता में रहने की बजाय इस्तीफा देना पसंद करूंगा। अब सेना उनसे ज़्यादा प्रचंड हो सकती है, पर हम क्यों कुछ बोलें। भारत ने कह दिया कि ये उनका आंतरिक मामला है। हमारे लिए महत्वपूर्ण ये है कि यहां गर्मी ने बिना कुछ

कहे अपनी प्रचंडता से इस्तीफ़ा दे दिया। राहत मिली। पर क्या पता कल फिर प्रचंड हो जाए। मौसम का मिज़ाज किसने जाना?

—सही बात ऐ चंपू!

—चचा हमें बताया गया कि पिछले चुनाव-चरणों में गर्मी के कारण कम मतदान हुआ। कल देखते हैं, कितना प्रतिशत होता है। मेरे ख्याल से तो गर्मी-सर्दी से कोई फ़र्क पड़ता नहीं है। वोट अंदर की गर्मी का मामला है। जो इसका अर्थ समझता है, उसके लिए मौसम का मारक मिजाज़ कोई मायने नहीं रखता।

—गल्त बात। गरमी के मारै लंबी लाइन छोड़ गए कित्तेई मतदाता।

—तुम्हें क्या मालूम चचा कि वे दुबारा आए या नहीं। जो एक बार लाइन में आ जाता है, आसानी से वापस नहीं जाता। पानी पी कर और राजनीति को कोस कर फिर आ जाता है। प्रत्याशियों में कोई पसंदीदा हो न हो, वोट डालता है। उंगली पर गीली स्याही रखवाने के बाद सुखाने के लिए फूंक मारता है। उस निशान को देखकर ऐसा खुश होता है जैसे ब्याह-शादी के मौके पर लड़कियां मेंहदी देख-देख कर सिहाती हैं। उसकी फूंक सही लग जाए तो तख्तोताज बदल जाते हैं चचा! वोट डालना एक बहुत बड़ी राहत का एहसास देता है। एक सुकून देता है। ऐसा सुकून जो पुराने ज़माने में पोस्ट-बॉक्स में प्रेम-पत्र डालने से मिला करता था। आप तो

जानते हैं प्रेम गर्मी से ज़्यादा प्रचंड होता है। वोट डालना लोकतंत्र के प्रति हमारा इज़हार-ए-इश्क है। हां, कुछ होते हैं जो वोट न डाल पाने के बाद कसमसा कर रह जाते हैं। उन्हीं के लिए फ़ैज ने लिखा था— 'और भी ग़म हैं ज़माने में मुहब्बत के सिवा'। किसी को रोज़गार के कारण बाहर जाना पड़ गया। किसी को किसी की तीमारदारी में लगना पड़ा। मतपेटी की याद रह रहकर सताती होगी, पर हालात के आगे मुहब्बत हार जाती होगी। ऐसे लोगों को माफ़ कर दिया जाना चाहिए चचा। ठीक है न?

—बिरकुल गल्त बात। पांच सालन में एक दिना की बात ऐ। देस-प्रेम निजी-प्रेम ते बड़ौ होय करै। ऐसे लोगन कूं माफी नायं, सजा मिलनी चइऐ।

—एक तो ग़रीबी और गर्मी की मार, ऊपर से सज़ा और दे दो। दरअसल, ऐसे तरीके निकालने चाहिए कि जो जहां है, वहीं से अपने मताधिकार का प्रयोग कर सके। मतपेटी की जगह जैसे अब वोटिंग मशीन आ गई है, उसी तरह आगे से वोटिंग मशीन की जगह नए माध्यमों का इस्तेमाल किया जाए। जैसे पोलियो ड्रॉप्स लेकर सरकारी कर्मचारी घर-घर जाते हैं, वैसे ही पोलिंग-ड्रॉप-बॉक्स लेकर हर मतदाता के पास जाया जाए। इंटरनेट और मोबाइल की मदद ली जाए। और आप जो कह रहे थे, कई देशों में वैसा विधान भी है। ऑस्ट्रेलिया में वोट न डालो तो फाइन लगता है।

लेकिन ये सुविधा भी है कि कोई नागरिक यदि विदेश गया हुआ है तो वहां की एम्बेसी में जाकर अपनी वोट डाल सकता है। अगले चुनाव तक हमारे देश में भी चुनाव सुधार होंगे चचा। हम सरकार इसीलिए बनाते हैं कि वह नागरिकों का पूरा ध्यान रखे। हमें सुख, सुविधा और सुरक्षा दे। पर यहां तो आधी आबादी के लिए दिन में दो रोटी के लाले पड़े हैं। रोज़गार और शिक्षा की दुकानों और अस्पतालों पर उस आबादी के लिए ताले पड़े हैं। नंगे पैर जिसके पांवों में छाले पड़े हैं, अत्याचार के मौसम में जिसके हाथ-पांव काले पड़े हैं, उसे कैसे समझ में आएगा तुम्हारी वोट का मतलब?

—सब बेकार की बात। बोट नायं डारैं, जाई मारै उनकी ऐसी हालत ऐ। वोट नायं डारी तौ और बुरी हालत है जायगी। सज़ा जरूरी ऐ।

—तुम भी प्रचंड हो गए चचा!

6 मई 2009

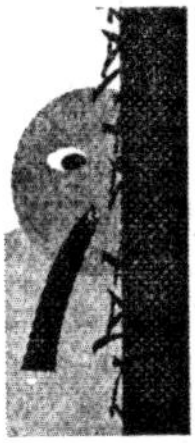

भारत एक कुर्सी प्रधान देश है न

—चौं रे चम्पू! कौन-सी चिंतन-चक्की चल रई ऐ रे?

—चचा, शब्दों के उच्चारण से कई बार नए-नए अर्थ खुलते हैं। किसी शब्द का अगर कोई दूसरा अर्थ आपके मस्तक में घुस जाए तो पूरे पाठ का ठाठ बदल जाता है। टीवी पर मैंने देखा कि लुधियाना में मोदी जी बड़ा ही ओजस्वी भाषण दे रहे थे। उन्होंने एक बात कही जो पहले तो मेरी समझ में नहीं आई, पर दूसरी बार सोची तो दूसरी तरह से समझ में आ गई। मोदी जी गुजराती हैं न?

—हां गुजराती ऐं। पर तू बात कूं घुमावै चौं ऐ? उनके उच्चारन ते का फरक परौ? जे बता।

—चचा गुजराती-मराठी लोग 'कृ' को 'क्रु' बोलते हैं। जैसे 'संस्कृति' को 'संस्क्रुति' और 'कृष्ण' को 'क्रुष्ण' बोलेंगे। मैं जानता हूं चचा कि आप महाकृपण हैं, पर वो आपको महाक्रुपण कहेंगे।

—मेरी छोड़! मोदी की बात कर।

—वे कह रहे थे कि भारत एक कृषि-प्रधान देश है। मेरी समझ में नहीं आया, मुझे लगा जैसे वे बोल रहे हों कि भारत एक कुर्सी प्रधान देश है। उन्होंने अपने भाषण में दस-बीस बार कृषि बोला होगा और मुझे कुर्सी सुनाई दिया। उनका भाषण ख़त्म हो गया। वे दूसरी सभा में बोलने के लिए चले गए। लेकिन मेरी खोपड़ी में उनका भाषण निरंतर चलता रहा। कृषि को वे क्रुषि कहते थे और मेरे कान कुर्सी सुनते थे—भाइयो और बहनो, भारत एक कुर्सी प्रधान देश है। मैं प्रधानमंत्री जी से पूछना चाहता हूं कि किसानों पर कुर्सी कर क्यों लगाया गया है? हमारी पार्टी का संकल्प है कि हम उसे समाप्त कर देंगे। भाइयो और बहनो, हमारा देश कुर्सी कर्मियों की बदौलत चल रहा है। लेकिन कुर्सी कर्मी दुःखी है मेरे देश का। किसान भाइयों के सामने कुर्सी कीट की समस्याएं हैं, कुर्सी ऋण की समस्याएं हैं। हम कुर्सी कीट नहीं रहने देंगे। कुर्सी ऋण माफ कराएंगे, क्योंकि कुर्सी क्षेत्र को उपजाऊ बनाना है। बहुत हो चुका भाइयो और बहनो, कुर्सी नाश हम नहीं होने देंगे। कुर्सी भूमि में सुधार करना है। कुर्सी रोग बढ़ते जा रहे हैं, हमें बेहतर कुर्सी व्यवस्था चाहिए। कुर्सी सहयोग से सब कुछ होगा। मैंने गुजरात की बीस नदियों को जोड़ दिया अब कुर्सी सिंचन आसान हो जाएगा। हम देश भर में कुर्सी यंत्र भेजेंगे। नए-नए कुर्सी उपकरणों का लाभ दिलाएंगे। कुर्सी उत्पाद बढ़ाएंगे। कुर्सी भूमि हमारे लिए पूजनीय है। भाइयो और बहनो, प्रधानमंत्री जी भले ही भूल जाएं, पर हमें याद रखना है कि हमारा देश

कुर्सी प्रधान देश है।

—अब बस भी कर। नए सत्ता समीकरनन के बाद का करैगी सरकार?

—मंत्रिमंडल-विस्तार। चचा, कॉकरोच से ज़्यादा जानदार होता है कुर्सी का कीड़ा, और यही होती है गठबंधन सरकार की पीड़ा! कुर्सी न पाने वाले घूमेंगे उखड़े-उखड़े। पहले भी हुए थे एक ही विभाग के दो-दो टुकड़े। मानव संसाधन से खेलकूद मंत्रालय अलगाया गया था। इस तरह एक कैबिनेट मंत्री बढ़ाया गया था। ये जो मंत्रालय है खेलकूद का, यहां दो लोग मज़ा ले सकते हैं एक अमरूद का। एक बन सकता है खेल मंत्री, दूसरा कूद मंत्री। सारा का सारा काम लोकतंत्री!!

—जिते ऊ मंत्री बनिंगे, आधे खेलमंत्री और आधे कूदमंत्री हुंगे।

—इसी तरह चचा, मानव संसाधन मंत्रालय के भी दो टुकड़े होंगे, एक मानव मंत्रालय और दूसरा संसाधन मंत्रालय। गठबंधन सरकार में और भी लोगों को खुश करना हो तो फिर संसाधन मंत्रालय के तीन टुकड़े और किए जा सकते हैं। सन मंत्रालय, साध मंत्रालय और धन मंत्रालय। नामों पर पुनर्विचार किया जा सकता है। सन माने पुत्र-पुत्रित्त मंत्रालय, साध माने इच्छा-चित्त मंत्रालय, धन माने स्ववित्त मंत्रालय।

—अभी का ऐ, जोड़ घटाने चलिंगे लल्ला।

—हां, कितने में से कितना घटाएं कि उतना हो जाए जितने में से उतना घटाने पर जितना होता है। चचा, लोकतंत्र में ये जोड़-घटाना बड़ा फ़ितना होता है। वे जोड़ने के लिए घटा कर ही मानेंगे, मित्रों को घाट पर ही पाट देंगे, शत्रुओं को पटा कर ही मानेंगे। उन्होंने क़सम खाई थी कि उनको हटाकर ही मानेंगे। कांग्रेस की क़सम, भाजपा को हटाएगी। भाजपा की क़सम, कांग्रेस को मिटाएगी। सपा ने चाहा बसपा को हटाना। बसपा ने चाहा सपा को मिटाना। सबने चाहा बस पाना।

—भारत एक कुर्सी प्रधान देस ऐ ना।

13 मई 2009

जय हो की जयजयकार

—चौं रे चम्पू! 'जय हो' की जयजयकार कैसे भई रे?

—'जय हो' की जयजयकार हमेशा हुई है चचा! कोई नई बात नहीं है। 'जय हो' भारत की पुरानी भावना है। ऐसा आशीर्वाद है, जो बड़ों ने छोटों को दिया और छोटों ने बड़ों को। 'महाराज की जय हो' से लेकर जनतंत्र की 'जय हो' तक जनता अपनी शुभेच्छाएं सदियों से व्यक्त करती आ रही है।

—हम तौ कांग्रेस की 'जय हो' की बात कर रए ऐं!

—वही तो बता रहा हूं। मैंने कांग्रेस के प्रचार के लिए अतीत में बनाए गए आठ गाने सुने। भला हो सुमन चौरसिया का, जिन्होंने अपने 'ग्रामोफोन रिकार्ड संग्रहालय' से मुझे ये गीत उपलब्ध कराए। सब गानों में किसी न किसी रूप में 'जय हो' या 'जयजयकार' शब्दों का या भाव का प्रयोग किया गया था। आशा भोंसले और महेन्द्र कपूर की आवाज में एक गीत था— 'नेहरू की

सरकार रहेगी, हिंद की जयजयकार रहेगी।' इस गाने में एक पंक्ति आती है— 'अपने दिल की बात सुनेंगे, जिसे चुना था उसे चुनेंगे।' आप देखिए, पंद्रहवीं लोकसभा के चुनावों में भी अधिकांश मतदाताओं ने दिल की बात सुनी। क्षेत्रीयता के बिल में रहने वाले जीवधारियों को जनता ने कमोवेश नकार दिया। शंकर जयकिशन के संगीत और रफी के स्वर में, क़ाज़ी सलीम के एक गाने का मुखड़ा था— 'कभी न टूट पाएगा ये उन्नति का सिलसिला, ये वक्त की पुकार है कि कांग्रेस की जय हो।' आशा, मन्ना डे, महेन्द्र कपूर और मुकेश जैसे महान गायकों ने ये गीत गाए थे। शंकर जयकिशन के ही संगीत में हसरत जयपुरी का लिखा हुआ और मुकेश द्वारा गाया हुआ एक गीत है— 'भेद है, न भाव है, ये प्यार का चुनाव है, कांग्रेस की जय हो, कांग्रेस की जय हो।' इस गाने में आगे कहा गया है— 'जीतनी हैं मंज़िलें, दूर की हैं मुश्किलें, हर जगह सजाई हैं, तरक्कियों की महफ़िलें।' चचा, गाने में यह नहीं कहा गया कि 'जीत ली हैं मंज़िलें'। ऐसा नहीं कि इंडिया शाइनिंग हो गया, अब फील्गुड करो भैया। प्रचार में बड़बोलापन और अहंकार हमारी जनता को कभी नहीं पचा। न तो अहंकार चाहिए और न सोच में नकार। कांग्रेस के 'जय हो' गीतों में न तो कोई बड़बोलापन था और न कोई नकारात्मकता। प्रचार की कमान संभाले हुए आनंद शर्मा, दिग्विजय सिंह, जयराम रमेश और विश्वजीत ने श्रेय आम आदमी को दिया और उसके हर बढ़ते कदम से

भारत की बुलंदी की उम्मीद जगाई।

—उल्टी बात, बोलिबे वारे पै उल्टी पड़ौ करै भैया!

—हां चचा, आज़ाद भारत में अब तक के चुनाव प्रचारों का ये इतिहास है कि जिस भी दल ने नकारात्मक अभियान चलाया, वह जीत नहीं पाया। कांग्रेस ने भी एक बार ऐसा किया और उन्हें हार का सामना करना पड़ा था। गाना था— 'हिंदू, मुस्लिम, सिक्ख, ईसाई से ना जिनको प्यार है, वोट मांगने का ऐसे ही लोगों को अधिकार है।' गाने में दूसरी पार्टियों पर व्यंग्य था कि विरोधी झूठ बोलते हैं, उन्हें कुर्सी का रोग है और उन्हीं के कारण देश बीमार है। बात भले ही सही रही हो पर जनता को नहीं पची। इधर भाजपा के प्रचार को देख लीजिए, 'जय हो' का 'भय हो' करके क्या संदेश दिया? न तो हास्य था, न व्यंग्य और न भय। एक प्रकार का विद्रूप था। 'कहं काका कविराय' के अंतर्गत काका हाथरसी की शैली में जो रेडियो जिंगल चलाए उनमें विपुल मात्रा में छल-छंद का निषेधी स्वर था और छंदों में भयंकर मात्रा-दोष। दूसरी तरफ़ ए आर रहमान की धुन पर पी. बलराम और सुखविंदर द्वारा गाए हुए, परसैप्ट कंपनी के अजय चौधरी द्वारा बनाए हुए 'जय हो' गीतों ने मन मोह लिया। चचा, पुराने ग्रामोफोन रिकॉर्डों में एक स्वागत गीत भी था— 'राजीव का स्वागत करने को आतुर है ये सारा देश, प्रथम अमेठी करेगा स्वागत, बाद करेगा प्यारा देश।' इस

गाने में 'राजीव' को 'राजिव' गाया गया था क्योंकि छंद में एक मात्रा बढ़ रही थी। अब राजीव के स्थान पर राहुल रख देंगे तो गायकी में बिलकुल ठीक आएगा, सनम गोरखपुरी के गीत में संशोधन किया जाना चाहिए।

—और 'जय हो' कौन्नै लिखौ?

—तुम्हारे इस चंपू की कलम काम में आई चचा। शब्दों का कुछ जोड़-घटाना सुखविंदर ने भी किया।

—चल, अब 'जय हो' कौ नयौ अंतरा लिख, गुलजार के भतीजे।

20 मई 2009

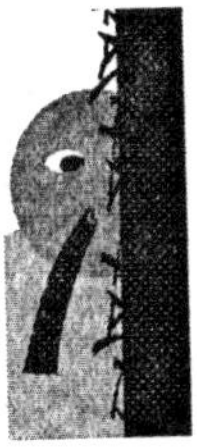

हिंग्लिश का प्रादुर्भाव

—चौं रे चम्पू! हैलो! हैलो! आवाज नायं आ रई ऐ का मेरी?

—हां चचा, चकाचक आ रही है। संचार व्यवस्था देश में बहुत फैंटम हो गई है। दिल का तार कनैक्टियाए या न कनैक्टियाए, संचार का तार जुड़ा हुआ है। कोई टेलिफोन ही न पिकबे करे तो बात दूसरा है।

—तू है कहां?

—चचा, पांच दिन से बिहार में हूं। कविसम्मेलनों की भागमभाग लगी है। अभी पूर्णिया में हूं और यहां से सिलीगुड़ी जाना है। तेईस को पटना में थे, चौबीस को मुज्जफरपुर, परसों भागलपुर, कल पूर्णिया में खेल जमाया और आज सिलीगुड़ी जाएंगे। यात्राएं बाई रोडवा हो रही हैं। नाइट में कविसम्मेलन करो, फ़िनिश होते ही चल दो। तीन-चार घण्टा कार में स्लीपवा करो। नौ कवि हैं, तीन गाड़ियां हैं, कोई प्राबलम नहीं न है।

अच्छा, हम तो गाड़ी में सो भी जाते हैं, लेकिन ड्राइवर लोग, उनका लाइफ डिफीकल्ट है। उनको तो कोई रूम भी नहीं ओपनियाता है। कार में स्लीपते हैं, वहीं रैडी होना पड़ता है। रात भर कविसम्मेलन सुनते हैं, डिनर के बाद चल देते है। कमर स्टेट नहीं कर पाते। चचा, भाषा का बड़ा आनंद आ रहा है।

—हां, समझ में आय रई ऐ, चम्पू!

—जिस बात का हल्ला पिछले पांच-छह साल से हो रहा है कि हिंग्लिश आ गई, हिंग्लिश आ गई, हिंदी को बर्बाद कर रही है। उस हिंग्लिश का प्रादुर्भाव बिहार में सातवें दशक में यहां के आमजन ने किया था। कुछ श्रेय हरियाणा को भी दिया जा सकता है। आत्मविश्वासपूर्ण अभिनय शैली में अंग्रेज़ी शब्दों का बेधड़क और निजी प्रयोग दिव्य मज़ा दे रहा है। भागपुर में कविसम्मेलन में जाने से पहली मुझे एक थैला लेना था। तो एक ड्राइवर साहब को लेकर मैं बाजार को निकल पड़ा। उसका नाम है बसंत कुमार मधु। कलाकार प्रवृत्ति के व्यक्ति हैं। पूछा तो बताया कि बैटी म्यूजिक में इंटरेस्टिया गई है। उनके फादर भी म्यूजिक का टाम्प्रामेंट रखते थे। मैंने कहा- 'वाह, और आप?' वे बोले ड्राइवरी में अपनी इमोशन का हाबी नहीं न कर सकते हैं। बाकी सब फ्रंटलाइन चल रहा है।' उन्होंने आगे बताया कि दूसरे ड्राइवर श्याम नारायण का बॉडी डैमेज हो गया था। मैंने सोचा, कार

की बॉडी कहीं टकराई होगी, पर उनका आशय था कि नींद पूरी न होने से उनका शरीर चकनाचूर है। उन्होंने श्याम नारायण को मैसेज दिया कि रैस्टियाएंगे नहीं तो ड्राप कर जाएंगे। बहुत कालगेट बनने का कोशिश न करें। बहरहाल, एक मालिश वाले ने, जो कि यहां बहुतायत से मिलते हैं, श्याम जी का बॉडी रिपेयर कर दिया। चचा, एक बार शरद जोशी ने लिख दिया था कि नेता नरभसिया गए हैं, तो बिहार के भाषा-शास्त्री नाराज हो गए कि हमें बदनाम किया जा रहा है, जबकि मेरे विचार से शरद जी रेखांकित करना चाहते थे कि शब्दों का निर्माण कैसे होता है। नरभसिया जाना नर्वस होने से बना है। भागलपुर के बाजार में जिससे बात हुई उसने अंग्रेजी शब्दों के नवीन प्रयोगों से मुग्ध कर दिया। दुकान नियरे ही है। परचेजिए परचेजिए।

—कछू परचेजौ कै नायं? अच्छा छोड़, हरियाने की बता।

—बहत्तर में, तुम्हारे इस चम्पू को एक चेला हरियाणा के अपने गांव ले गया था। प्रातःकाल एक-एक लोटा हम दोनों ने थामा और खेतों की ओर निकल गए। वह तो किसी झुरमुट में खो गया। मैं अभी जगह ढूंढ ही रहा था कि सामने देखा आधा घूंघट मारे एक महिला तसले में ऊपर तक मिट्टी भर कर किसी आते-जाते की प्रतीक्षा कर रही थी कि कोई उठाने में सहायता करे। उस महिला ने एक ध्वन्यात्मक इशारे से मुझे

बुलाया। मैं अपने यौवनपूर्ण आत्मविश्वास के साथ उसके क्लोज गया। तसला उठाने की कोशिश की। तसला भारी था। उस बलिष्ट महिला ने आराम से उठा लिया, मैं अपना किनारा उठा न पाया। तसला टेढ़ा हो गया और मिट्‌टी ड्रॉपित हो गई, उसने मीठे आवेश में ताना मारा— 'घणाई डिफैट आदमी सै'। 'डिफैट' किसी भाषा का कोई शब्द नहीं है। उस महिला ने मुझे शहरी समझ कर डिफैक्टिव या डिफीटैड कहना चाहा होगा। घूंघट से बिना संकोच निकला ये बोल पोल खोल गयी कि शहरी लोगों में दम-खम नहीं होता है। आज भी 'डिफैट' शब्द याद आता है तो बड़ी आत्मग्लानि होती है।

—चम्पू! चल, अब फोन काट रए ऐं। हम ऐसे डिफैट लोगन ते बात नायं करैं।

27 मई 2009

तन डोले न मन डोले तो ईमान डोले

—चौं रे चम्पू! तेरौ लल्ला तौ आस्ट्रेलिया में ई ऐ न?

—उसे गए हुए तो दस साल हो गए चचा! दो साल के लिए पढ़ने भेजा था, काम मिला, नाम मिला, दाम मिला तो वहीं जम गया। इंटरनेट के ज़माने में लगभग रोज़ाना बात होती रहती है। दूरी का अहसास नहीं होता। इधर, दो-तीन दिन से शुभचिंतकों के बड़े फोन आ रहे हैं। बेटा वहां ठीक तो है?

—हां बता, काई परेसानी में तौ नायं?

—नहीं, किसी परेशानी में नहीं है। कहता है कि मीडिया ने पूरे ऑस्ट्रेलिया को विलेन बना दिया है, जबकि ऐसा है नहीं। चचा, मैं पहली बार आस्ट्रेलिया नाइंटी एट में गया था। वहां मिले हिन्दी-उर्दू-संस्कृत पढ़ाने वाले प्रो. हाशिम दुर्रानी, डॉ. पीटर ओल्डमैडो और डॉ. बार्ज। बड़ा अच्छा लगा कि वे लोग हिन्दी-उर्दू पढ़ाने के लिए नए-नए पाठ्यक्रम बना रहे थे। भव्य इमारत, भव्य लोग।

अगले साल पुत्र को भेज दिया। चार सैमिस्टर की पढ़ाई थी। हर सैमिस्टर के चार लाख रुपए देने थे। पहली किस्त मैंने प्रोविडेंट फण्ड से निकाल कर दी और उसे आश्वस्त भी कर दिया कि अगली का जुगाड़ भी लगाएंगे बेटा। सात महीने बीत गए उसने पैसा नहीं मांगा तो चिंता हुई। हड़बड़ा कर फोन मिलाया। उसने हंसते हुए बताया कि उसने पढ़ाई के दौरान ख़ाली वक़्त में काम करके इतना पैसा कमा लिया है कि अब फण्ड से पैसा नहीं निकालना पड़ेगा। खुशी भी हुई और स्वावलंबी होते हुए बालक को अब हमारी सहायता की ज़रूरत नहीं है, इस अहसास से कुछ मलाल-सा भी हुआ। भई हम किसके लिए कमा रहे हैं? दिन-रात काम क्यों करता है? पढ़ाई कर ना, जिसके लिए भेजा है। चचा, उस देश में मेहनत और प्रतिभा की कद्र होती है। गर्मियों की छुट्टियों में अगले साल हम चले गए। सिडनी विश्वविद्यालय के भारतीय भाषा विभाग ने हमें विज़िटिंग स्कॉलर बना दिया। वहां के छात्रों को पढ़ाने का मौका मिला। कई साल मिला। प्रो. हाशिम दुर्रानी ने आपके इस चम्पू की कविताओं को पाठ्यक्रम में जोड़ा। लाइब्रेरी में निर्बाध प्रवेश के लिए इलैक्टॉनिक कार्ड बन गया। बड़ा आनंद आया चचा। वहां के विश्वविद्यालय पैसा लेते ज़रूर थे पर ज्ञान भी भरपूर देते थे, लेकिन इन पिछले दस वर्षों में शिक्षा ऑस्ट्रेलिया में एक फलता-फूलता उद्योग

बन गया। विभिन्न विश्वविद्यालय सब्ज़-बाग़ दिखा कर छात्रों को बुलाने लगे।

—मैल्बर्न में का भयौ?

—वही तो बता रहा हूं चचा। पैसा आने लगा, तो वहां के विश्वविद्यालय सदाशयता खोने लगे। हिन्दी-उर्दू पढाने से उन्हें पहले भी पैसा नहीं मिलता था, पर चलाते थे। पिछले साल सिडनी विश्वविद्यालय के प्रशासन ने कह दिया कि भारतीय समाज के लोग मिलकर अगर इतने हज़ार डॉलर नहीं देते तो हम ये विभाग बन्द कर देंगे। भारतीय लोग भाषा के नाम पर उतना पैसा दे नहीं पाए और विभाग हो गया बन्द। उन्हें तो चाहिए थी माल-मलाई। फोकट का दूध बांटने के लिए क्यों चढाते कढ़ाई! अब लगभग एक लाख भारतीय विद्यार्थी चढ़ावा चढ़ाते हैं और अपने माता-पिता पर बोझ न बन जाएं, इस नाते रात-रात भर काम करते हैं। हॉस्टिल की सुविधाएं हैं नहीं। विश्वविद्यालय के पास मिलते हैं महंगे मकान, इसलिए दूर-दराज के उपनगरों में कम किराए पर रहते हैं। काम के बाद मौज-मस्ती और पार्टीबाज़ी वहां के नौजवानों का आम सांस्कृतिक शगल है। हमारे मेधावी-मेहनती छात्र अपनी आर्थिक सीमाओं के रहते प्रायः उससे दूर रहते हैं। चचा, वहां के स्थानीय बेरोज़गारों को 'डोल' के नाम पर हर हफ्ते ढेड़-सौ दो सौ डॉलर का बेरोज़गारी भत्ता मिलता है। कल्याणकारी राज्य के लिए 'डोल' एक स्वस्थ परम्परा है। यह डोल

उदरपूर्ति के लिए तो काफ़ी है लेकिन मदकची अपराधियों की मौज-मस्ती नहीं हो पाती उसमें। उतने से डोल से तन डोले न मन डोले, ईमान डोले। भारतीय एवं तीसरी दुनिया के छात्र बन जाते हैं इन रुग्ण डोलिये और मनडोलिये अपराधियों के कोमल शिकार और छोटी-मोटी घटनाओं की शिकायत तक नहीं करते। देर रात में तरह-तरह का काम करने के बाद, अपनी उस दिन की कमाई, लैपटॉप और मोबाइल के साथ जब ये रेल या बस से उतर कर सुनसान सड़कों पर पैदल चल रहे होते हैं तब निकल आते हैं अपराधियों के पंजे। अपराध का अस्लवाद नासमझी के कारण धीरे-धीरे नस्लवाद का रूप अख्तियार करने लगता है। ऑस्ट्रेलिया हमारा मित्र देश है, यदि वह विश्वविद्यालयों की धन-लोलुपता पर और अपने अपराधियों पर अंकुश नहीं लगाएगा तो...।

—तौ का?

—मैं अपने परिचय में गर्व से लिखता हूं 'पूर्व विज़िटिंग प्रोफ़ेसर, सिडनी यूनिवर्सिटी', हटा दूंगा चचा।

3 जून 2009

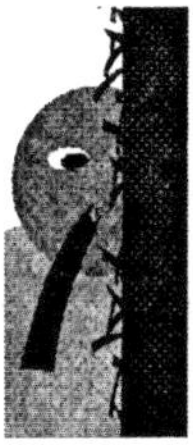

उस शहर का सूरज ज़रूर देखना

—चौं रे चम्पू! तू तौ ठीक ऐ न?

—मैं तो ठीक हूं चचा! पिछली गाड़ी में था। कविवर ओम प्रकाश आदित्य, नीरज पुरी और लाड़ सिंह गूजर जिस गाड़ी में थे वो हमसे पांच मिनिट आगे थी, लेकिन उन्हें वो गाड़ी हमसे बहुत दूर ले गई।

—भयौ का जे बता!

—विदिशा में वर्षों से वार्षिक बेतवा उत्सव होता आ रहा है। कई दिन तक बहुरंगी कार्यक्रम होते हैं, अंतिम दिन होता है कविसम्मेलन। तेरह कवि थे, तीन कवियों के लिए वह दिन अंतिम हो गया। रात में दस बजे शुरू हुआ कार्यक्रम सुबह पौने चार बजे समाप्त हुआ था। उसके बाद कवियों ने किया भोजन।

—जे कोई भोजन कौ टैम ऐ?

—यही तो विडम्बना है चचा। मंच के कवि प्रस्तुति-कलाकार होते हैं, परफौर्मिंग आर्टिस्ट! कोई विशेष

मेक-अप नहीं करते। कई दिन से यात्राओं में हों तो उन्हीं कपडों से काम चला लेते हैं, पर चेहरे पर चमक बनी रहे इस नाते कार्यक्रम से पहले भोजन नहीं करते। भूखा रहने से चेहरे पर अलग तरह की दीप्ति आ जाती है। आदमी भूखा हो तो आवाज़ कंठ से नहीं दिल से निकलती है। भूखा आदमी फिर देश के भूखे आदमी के बारे में ईमानदारी से बात करता है।

—आगे बोल!

—भोजन की पैक्ड प्लास्टिक थालियां रात में ही लाकर रखी होंगी। पूर्णिमा के चंद्रमा ने उन्हें सुबह तक शीतल कर दिया था। मौसम की गर्मी ने भी भोजन से छेड़छाड़ की होगी। आदित्य जी बोले— 'दाल मत खाना, उतर गई है'। मैंने कहा— 'पनीर मत खाना, चढ़ गया है'। वे बोले— 'चलो दही खाते हैं'। मैंने कहा— 'खट्टी है'। वे बोले— 'चलो, भोपाल पंहुच कर होटल में खाएंगे। वैसे ये गुलाबजामुन ठीक हैं'। मेरी गुलाबजामुन पहले ही नीरज पुरी ये कहते हुए खा चुके थे कि आपके साथ तो पहरेदारी के लिए बेटी आई है भाई साहब, आप तो खाएंगे नहीं। बीवी-बच्चे चंडीगढ़ में हैं। यहां कौन टोकेगा? कवियों में सद्भाव इतना है कि साला कल मरता हो तो आज मर जाए। ओम व्यास कहने लगे— 'आज मंच पर मरने की बात कुछ ज़्यादा ही हो चुकी है, अब मत करो। अभी गुलाब जामुन खा लो कल जामुन पीस कर खा लेना'।

—मंच पै मरिबे की का बात भई रे?

—संचालन में ओम ने आनंद लिया था— 'तेरह कवि हैं मेरे पास। एक से तेरहवीं तक का पूरा इंतज़ाम है (तालियां)। ये जो श्री ओम प्रकाश आदित्य बैठे हैं, ये कविसम्मेलन उद्योग के कुलाधिपति हैं। कवियों में सबसे बुजुर्ग हैं, हालांकि ये ख़ुद को बुजुर्ग मानते नहीं हैं (तालियां)। मित्रो, पैकिंग कैसी भी कर दी जाय, अगर पुराना सामान है तो पुराना ही निकलता है (तालियां)। आप और कवियों को सुनें न सुनें, पर इनको जीभर कर सुनियेगा, हम तो अगले साल भी आ जाएंगे (एक पॉज़ के बाद तालियां)'। आदित्य जी पीछे से ठहाका लगाते हुए बोले— 'मारूंगा' (तालियां)। ओम जारी रहे— ये वो नस्ल है मित्रो, जो ख़त्म होने जा रही है (तालियां)। उसका ये एक मात्र बीज सुरक्षित है (तालियां)। उसे और ज़्यादा सुरक्षित रखेंगी आपकी ज़ोरदार तालियां (ज़ोरदार तालियां)'। उसके बाद ओम ने नीरज पुरी, देवल आषीश, विनीत चौहान, सरिता शर्मा, पवन जैन, लाड़ सिंह गूजर, मदन मोहन समर,जॉनी बैरागी, संतोष शर्मा,प्रदीप चौबे, और मेरे लिए ज़ोरदार तालियां बजवाईं। अपने लिए कहा— 'मैं इन तेरह कवियों की परोसदारी करने आया हूं, मुझ पर दया आती हो तो मेरे लिए भी बजा दें (घनघोर तालियां)। पर तालियां न तो बीज को सुरक्षित पाईं और न कविसम्मेलन की दो और फलदार डालों को।

ओम जीवन-संघर्ष कर रहे हैं। उनके उर्वर मस्तिष्क में इस समय अनेक प्लॉट्स की जगह अनेक क्लॉट्स हैं। ड्राइवर का बुरा हाल है। चचा, कविसम्मेलन के कवियों के लिए एक कहावत है कि जिस जगह जलवा दिखाओ, अगले दिन उस जगह का सूरज न देखो। अगली सुबह सारी तालियां थक कर सो जाती हैं। आते वक़्त कवियों को जो सूरज-भर सम्मान मिलता है वह लौटते वक़्त किरण-भर नहीं रह जाता। सुबह चार और पांच के बीच ड्राइवर को आती है झपकी। वह भी तालियां बजाने के बाद बासी भोजन करके आया होता है। मैं तो कवियों से कहूंगा कि तुम्हारी वाणी में बड़ा बल है कवियो! मंच पर मृत्यु का उपहास मत करो! अगले दिन उस शहर का सूरज ज़रूर देखो ताकि मृत्यु आंखें फाड़-फाड़ कर अंधेरी सड़क पर तुम्हारा इंतज़ार न करे।

10 जून 2009

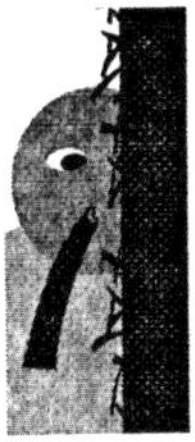

विश्वास है कि चमत्कार घटित होगा

—चौं रे चम्पू! तन के कांटे तौ सब जानैं, तू मन के कांटे बता?

—वो तो हर मन ने अपने लिए अलग-अलग छांटे, लेकिन दुःख अगर बांटा जाए तो निकल जाते हैं सारे कांटे। संस्कृत के एक श्लोक का भाव ध्यान आ रहा है, जिसमें सामंती दौर के उस कवि ने अपने मन के सात कांटे बताए थे। पहला— दिन में शोभाहीन चन्द्रमा, दूसरा— नष्टयौवना कामिनी, तीसरा— कमलविहीन सरोवर, चौथा— मूर्खता झलकाता मुख, पांचवां— धनलोलुप राजा, छठा— दुर्गतिग्रस्त सज्जन और सातवां— राजदरबार में पहुंच रखने वाला दुष्ट।

—तू तौ अपनी धारना बता!

—सब कुछ विपरीत है। मैं अपनी कल्पना में देख रहा हूं कि राजदरबार से दुष्टों की छंटाई शुरू हो चुकी है। सज्जन की टिकिट भले ही कट गई हो पर दुर्गतिग्रस्त नहीं हैं। जिनका

शासन है वे अभी धनलोलुप नहीं हैं। मूर्खता झलकाने वाले मुखों को पिछवाड़े का रास्ता दिखाया जा रहा है। सरोवर में पानी ही नहीं है, कमलविहीन होने की तो बात क्या करें! नष्टयौवना कामिनियों के लिए बाज़ार सौन्दर्य-प्रसाधनों से अटे पड़े हैं। रही बात दिन में शोभाहीन चन्द्रमा की, तो चचा, मैंने पिछले दिनों रात में पूर्णिमा का चन्द्रमा शोभाहीन देखा था। दुष्ट चन्द्रमा, व्हाइट टाइगर जैसा ख़ूंख़ार था। तीन कवियों का शिकार करके वो ले गया उन्हें यादों की मांद में। हां! आकाश से बादलों को भेदता, पाण्डाल को छेदता, मंच पर सीधा झपट्टा मारता है, इतनी ताकत है चांद में। ले गया उन्हें यादों की मांद में। चचा! भरोसा करना, बेतवा महोत्सव के कविसम्मेलन वाली रात मुझे पूर्णिमा का चन्द्रमा बिल्कुल नहीं सुहा रहा था। कविसम्मेलन प्रारंभ हुआ तब वह मंच के बाएं किनारे पर था, नीरज पुरी के ठीक ऊपर, और जब कविसम्मेलन समाप्त हुआ तो वह दाहिनी ओर कविवर ओम प्रकाश आदित्य के ऊपर दिख रहा था। तेरह कवियों में से उसने तीन को झपट्टा मार कर ऊपर उठा लिया।

—पूनम कौ चंदा तौ समन्दर में लहरन्नै उठाय देय। ज्वार आ जायौ करै ऐ लल्ला।

—और ज्वार के बाद भोरपूर्व अंधियारे में जो भाटा आया, वह तो कविसम्मेलन जगत का बहुत घाटा कर गया। दिन का चन्द्रमा नहीं चचा, रात का चन्द्रमा शूल सा चुभा। स्थान-स्थान पर शोक सभाएं हो रही हैं। अख़बारों और इलैक्ट्रॉनिक

मीडिया के पास भले ही इनके लिए अधिक स्पेस न हो, पर जिस विराट श्रोता समुदाय ने इन्हें वर्षों से सुना है, उनके दिल रो रहे हैं। प्रदीप चौबे बता रहे थे कि बैतूल में नीरज पुरी की अंत्येष्टि में पूरा शहर शरीक़ था। शाजापुर के उस गांव की आबादी चार हज़ार भी नहीं है, जहां लाड़ सिंह गूजर रहते थे, लेकिन उन्हें अंतिम प्रणाम करने के लिए पांच हज़ार लोग आए। कविवर ओम प्रकाश आदित्य की अंत्येष्टि मालवीय नगर में इतनी जल्दी हो गई कि लोगों को पता ही नहीं चल पाया। फिर भी मोबाइल एसएमएस सन्देशों के माध्यम से दिल्ली के कविता प्रेमी अंतिम विदाई के लिए पहुंचे। महानगर से ज़्यादा उम्मीदें की भी नहीं जा सकतीं चचा, पर हर तरफ़ लोग अन्दर से दुखी हैं।

—ओम व्यास के का हाल ऐं रे?

—मामूली ही सही, पर सुधार है। भोपाल से एयर एम्बुलेंस द्वारा उन्हें दिल्ली के अपोलो अस्पताल में लाया गया। डॉ. ए. के. बनर्जी और डॉ. सोहल की निगरानी में हैं। भोपाल के डॉ. अशोक मस्के, डॉ. मृदुल शाही और डॉ. दीपक कुलकर्णी, जिन्होंने प्रारंभिक उपचार किया था, निरंतर सम्पर्क में हैं। मध्य प्रदेश शासन ने घोषणा की है कि इलाज का सारा ख़र्च दिया जाएगा। दिल्ली सरकार ने भी महत्वपूर्ण सुविधाएं अपोलो अस्पताल में दिलाई हैं। दोनों राज्यों के मुख्यमंत्री और स्वास्थ्य मंत्री, कवि के स्वास्थ्य को लेकर चिंतित हैं। उज्जैन में हज़ारों लोग अपनी-अपनी तरह से शुभकामनाओं का प्रसार कर रहे हैं। वहां के पुलिस अधीक्षक पवन जैन जो

स्वयं कवि हैं, हर घण्टे ख़बर ले रहे हैं और दे रहे हैं। सिर में बेहद गम्भीर चोटें हैं चचा। डॉ. भी कहते हैं कि उपचार के साथ-साथ हम चमत्कार की प्रतीक्षा में हैं। चचा! चमत्कार हमारे विश्वास की सबसे प्यारी औलाद है। सभी को विश्वास है कि ओम स्वस्थ होंगे। सातों कांटे निकल जाएंगे चचा। आठवें दिन, लम्बी बेहोशी के बाद कल ओम ने एक पल के लिए आंख खोलने की कोशिश की थी। हमारा विश्वास है कि चमत्कार घटित होगा।

17 जून 2009

धीरे-धीरे मरो न मर जाना चुटकी में

—चौं रे चम्पू! बगीची पै नौजवान आजकल्ल कम आय रए ऐं, उनैं कैसे आकर्सित कियौ जाय?

—एक अच्छा तरीका बताता हूं चचा! बगीची पर हुक्के रखवा दो। सुंघनी नसवार का इंतज़ाम करा दो। नौजवान बढ़ जाएंगे। दिल्ली सरकार के बजट में सिगरेट पर गाज गिरी है, बीड़ी-हुक्के-नसवार पर नहीं। नफीस हुक्कों में शानदार नक्काशीदार नलियां लगी हों, चारपाई डली हों, चारों ओर तम्बाकू महके और चिलम चहके। हुक्के का एक शानदार चित्र बाहर लगा हो और जिस पर लिखा हो— सिगरेट के दुखियारो! महंगाई के मारो! नौजवान यारो! बगीची पे पधारो!

—हट चम्पू! मेरी बगीची पै तासबाजी, बीड़ीबाजी, हुक्का, चिलमबाजी सब बैन ऐं। जे नायं है सकै।

—चचा, जानता था तुम भड़क जाओगे। बहुत दिनों से तुम्हारा गुस्सा नहीं देखा था। लेकिन यह बहुत ही सही निर्णय है

सरकार का। तम्बाकू उत्पादों पर महंगाई, जनहित की महंगाई है। यह छः जुलाई को आने वाले आम बजट के लिए भी एक संकेत है। सिर्फ दिल्ली में नहीं देशभर में सिगरेट महंगी हो जाएगी। दिल्ली की स्वास्थ्य मंत्री डॉ. किरण वालिया का बस चले तो सिगरेट पर पूर्ण बैन लगा दें और सिगरेट कम्पनियों पर ताले, लेकिन कम्पनी लॉ उदारताएं प्राप्त हैं। तत्काल पाबंदी नहीं लगाई जा सकती। असल तो है उपभोक्ता। वही स्वयं को नहीं रोकता। धौंकता जाता है, धौंकता जाता है। उसे वो आदमी बेकार लगता है जो सिगरेट के खिलाफ भौंकता जाता है। पिए जाओ प्यारे, पिए जाओ! बर्बादियों का जश्न मनाना फिजूल नहीं बल्कि ज़रूरी है। हर फिक्र को धुंए में उड़ा रे! और बाद में जो फिक्र आएंगी उन्हें तबीयत से संभालना प्यारे! मनुष्य के पास जो पांच प्रमुख अंग हैं, दिमाग, हृदय, फेफड़े, लिवर और किडनी, उन पर सिगरेट का धुआं सीधे प्रभाव डालता है। दिमाग के अन्दर तो सिगरेट का धुआं दस सैकिण्ड में एक भन्नौटी भेजता है। झूम जाता है आदमी। वह भन्नौटी शुरुआत में होती है विलासिता, बाद में बन जाती है दासता। फिर दिन की एक सिगरेट का मज़ा बीस सिगरेट से भी नहीं आता। दासता रह जाती है, विलासिता नहीं रहती। कहते हैं कि सिगरेट के धुंए में चार हज़ार से भी ज़्यादा केमिकल होते हैं जो भयंकर हानिकारक हैं। इन चार हज़ार में से साठ केमिकल ऐसे हैं जो सीधे कैंसर को दावत देते हैं। निकोटीन है, बैंज़ीन है, कार्बन मोनोऑक्साइड है, ये ऐसे

केमिकल हैं चचा, जो चूहों को मारने की दवाई में और फसल के कीड़े मारने के लिए काम में आते हैं। धीरे-धीरे मारते हैं। झटका नहीं हलाल का मामला है।

—हां! जल्दी का ऐ मरिबे की? धीरे-धीरे मरौ!

—चचा, तम्बाकू-सेवियों के लिए एक कुंडली सुन लो—

चुटकी में सुंघनी, हुलस, नस्य, नास्य, नसवार,
धूम्र-दंडिका, गुड़गुड़ी, बीड़ी, चुरुट, सिगार।
बीड़ी, चुरट, सिगार, चिलम, हुक्का, सिगरटिया,
ताम्बूल, तम्बाकू, झन्नौटी, झटपटिया।
कश सुट्टा संग, गुटका गटको बेखुटकी में,
धीरे-धीरे मरो, न मर जाना चुटकी में।

—वाह रे चम्पू!

—लेकिन चचा, एक बात समझ में नहीं आई। दिल्ली सरकार ने सिगरेट पर तो वैट बढ़ा दिया, साढ़े बारह परसैंट का बीस परसैंट कर दिया लेकिन बीड़ी और हुक्के के तम्बाकू पर टैक्स नहीं बढ़ाया। बीड़ी में चार हज़ार से ज़्यादा केमिकल हो सकते हैं। ग़रीबों के लिए ये नकली सहानुभूति छोड़ देनी चाहिए। बीड़ी पर और तगड़ा वैट लगे। समाजशास्त्री भले ही कहें कि ये गरीब आदमी की छोटी सी विलासिता है जिस पर आप पाबंदी लगा रहे हैं।

—भाड़ में जाएं ऐसे समाजसास्त्री।

—संभ्रांत लोक के लिए होटल की विलासिता और गिलासिता पर जो कर कम किया है, उसे भले ही न करते, पर बीड़ी और

हुक्के पर भी लगाते। संभ्रांत परिवारों के लोग ज़रा अपने अधेड़ों से गरीब युवाओं के चेहरों की तुलना करें। तीस साल का बीड़ी-खींचक जवान साठ साल का लगता है, बाल खिचड़ी हो चुके होते हैं उसके। दूसरी तरफ मंदी के बावजूद, पैसे की रसमलाई खाने वाला ये नया-नया सम्पन्न मध्य-वर्ग साठ वर्ष की उम्र में बालों में डाई लगाकर, उम्र में उस मज़दूर का भतीजा लगता है। बीड़ी के कारखाने ही बन्द करा देने चाहिए। लेकिन चचा, बन्द हो नहीं सकते। कहां जाएंगे बीड़ी मज़दूर। विकल्प का रोज़गार चाहिए ज़रूर। और इसके लिए चाहिए पूरी राजनीतिक ताकत। अफसोस की बात है कि तम्बाकू उत्पादक कम्पनियों के मालिक और निर्माता, बने रहते हैं सरकारों के नाजायज़ भ्राता।

24 जून 2009

गुज़र कर क्या करोगे, कर गुज़रो

—चौं रे चम्पू! राजतंत्र और जनतंत्र कौ कोई एक मुख्य अंतर बता?

—चचा, राजतंत्र में किसी निर्णय को लागू कराने में एक दिन क्या, एक मिनट नहीं लगता, लेकिन जनतंत्र में किसी योजना को अमल में लाने के लिए सौ दिन भी कम पड़ते हैं।

—तेरे दिमाग में नई सरकार के सौ दिन के एजेण्डा की बात ऐ का?

—बिल्कुल वही है। ये सरकार कुछ कर गुज़रना चाहती है, लेकिन ऐसे लोग, जो गुज़र गए और कुछ कर न पाए, उनके पेट में मरोड़ है। नए प्रस्ताव उन्हें दिशाहीन, अतार्किक और अव्यावहारिक लगते हैं। उन्हें तो विरोध के लिए विरोध करना है बस। यशपाल जैसे अनुभवी और वरिष्ठ शिक्षा-शास्त्री ने हर स्तर की शिक्षा के लिए वर्षों के अनुसंधान के बाद कुछ सिफ़ारिशें की हैं। जाने माने शिक्षा-शास्त्री कृष्ण कुमार समर्थन कर रहे हैं और मानव-संसाधन मंत्री कपिल

सिब्बल ने ऐलान कर दिया कि नई शिक्षा नीति सौ दिन के अन्दर लागू हो जाएगी। विरोधी तो विरोधी, कुछ अंतरंग भी हो गए क्रोधी।

—तौ मुद्दा का ऐ?

—तुम्हें मालूम तो है चचा! किशोर बच्चों पर और उनके अभिभावकों पर परीक्षा का भारी तनाव रहता है। बहुत सोच-समझ कर ये फैसला लिया जा रहा है कि दसवीं के बोर्ड की परीक्षा से बच्चों को मुक्त किया जाए। स्थानीय शिक्षक ही उनके काम का मूल्यांकन करें। वो फिल्म देखी थी चचा, 'तारे ज़मीं पर'। क्या शानदार सन्देश था उसका। हर बच्चे में कोई चमक होती है। समय रहते अगर उस पर आपकी निगाह न जाए तो चमक फीकी पड़ने लगती है। मुक्तिबोध ने कहा था— 'मिट्टी के ढेले में भी होते हैं किरणीले कण'। अगर उन दीप्तिमान कणों की पहचान न हो पाए तो ढेला या तो उपेक्षित रह जाता है या बुलडोज़र के नीचे आ जाता है। हमारी शिक्षा-प्रणाली कई बार अंकुरित होती प्रतिभाओं पर बुलडोज़र फिरा देती है। दसवीं कक्षा तक स्कूल का शिक्षक बच्चों का आदर्श होता है क्योंकि बच्चों से उसका सीधा और आत्मीय संबंध होता है। वह हर बच्चे के अलग-अलग किरणीले कणों को पहचानता है इसलिए उन्हें आगे की राह सुझा सकता है। चचा, मैं इस बात से सहमत हूं कि दसवीं की परीक्षा को बोर्ड की परीक्षा न बनाया जाए। बच्चा परिपक्व होकर प्रतियोगिता में निकले और अपनी रुचियों और क्षमताओं के अनुसार अपना भविष्य चुने। चचा, हमारा

अतीत होता है आचार-विचार-पत्र, वर्तमान समाचार-पत्र, भविष्य प्रश्न-पत्र और हमारी ज़िंदगी है उत्तर-पुस्तिका। उत्तर-पुस्तिका पर लिखते समय इतना तो बोध हो जाए कि भविष्य के प्रश्न-पत्र को कैसे हल करना है। एक किशोर पर आप अपने निर्णय नहीं लाद सकते। बारहवीं का बोर्ड एकदम ठीक है और मैं इस बात से भी सहमत हूं कि खूब सारे विकल्पों की सुविधा देते हुए कुछ अनिवार्य विषयों के साथ, पूरे देश में एक पाठ्यक्रम और एक बोर्ड होना चाहिए। प्रांतीयतावाद और क्षेत्रीयतावाद को समाप्त करने का इससे बढ़िया कोई तरीका नहीं है।

—तौ बिरोध का बात कौ?

—विरोधी भिन्नता की दुहाई देते हैं। चचा, दसवीं ग्याहरवीं में सिखाई जाती थी जटिल-भिन्न, आजकल के बच्चे जिसे कहते हैं कॉम्प्लेक्स ईक्वेशन। देश भर के सारे बच्चे इन्हें सरल करना सीखते हैं। हमारा देश भी किसी जटिल-भिन्न से कम नहीं है। भिन्नताएं हैं, विभिन्नताएं हैं, लेकिन अगर वे अभिन्न होने की दिशा में नहीं बढ़ेंगी तो भुनभुनाती रहेंगी, परिणामतः जीवन की उत्तर-पुस्तिका पर संकीर्ण सोच की ज़हरीली मक्खियां भिनभिनाने लगेंगी। माना कि असम और केरल की संस्कृति भिन्न हैं, लेकिन देश की आस्था और राष्ट्रीय मानकीकृत जीवन-मूल्यों का स्वर तो एक है। हमारे राष्ट्रीय आईकॉन तो एक हैं। केरल का युवा असम जाए तो चिंतन की, व्यवहार की, और भविष्य के लक्ष्य की एक समता तो महसूस करे। एक चीज़ और है

जिस पर मैं बल देना चाहता हूं और इसमें कोई राजनैतिक रोड़ा नहीं अटकना चाहिए। वह है हिन्दी भाषा। हम सब आज अपने इस आज़ाद देश की हवा और हंसी के हकदार हैं, हमें याद रखना चाहिए कि आज़ादी दिलाने में हिन्दी ने पूरे देश को एक धागे में पिरोने का काम किया था। पूरे देश के लिए जो एक पाठ्यक्रम बने उसमें राज्य की सांस्कृतिक आवश्यकताओं के अनुसार वैकल्पिक विषय ज़रूर हों, लेकिन हिन्दी हो अनिवार्य।

—तू चौं झगड़िबे के इंतजाम कर रयौ ऐ?

—सारे झगड़े मिट जाएंगे चचा! मैं तो जनाब कपिल सिब्बल से कहता हूं कि वक्त गुज़र जाएगा, सौ दिन बहुत होते हैं, इंटरनेट के ज़रिए राज्यों से तत्काल सहमति-असहमति पर विचार करो और कर गुज़रो।

1 जुलाई 2009

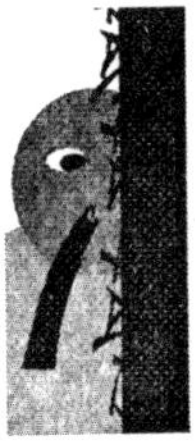

इतिहास के पन्ने फड़फड़ायमान

—चौं रे चम्पू! सबते आसान काम का ऐ?

—चचा सबसे आसान काम है ज्ञान बघारना। थोथा चना बाजै घना।

—अज्ञानी की कलई नैंक देर में खुल जायौ करै लल्ला। ज्ञान की दाल ई न होयगी तौ बघार काए में लगाऔगे?

—ज्ञान के पानी के बिना भी लोग अपनी दाल गला लेते हैं आजकल। जिस ज्ञान के लिए पहले लोगों को मेहनत करनी पड़ती थी, अब बिना श्रम के इंटरनेट पर उपलब्ध है। संसार के किसी भी क्षेत्र का कोई भी ज्ञान चाहिए आपको, पलक झपकते मिल जाएगा। जितना मिलेगा, पर्याप्त से अधिक होगा। उस पर संतोष करिए, फिर आपके पास कौशल होना चाहिए उसे बघारने का। उसे सज़ा कर नया रूप देने का। अखबारों को देखिए हर दिन अपार ज्ञान दान देने वाले लेख छप रहे हैं। फोटो जर्नलिस्ट नेट से किसी का भी फोटो उठा लेते हैं। कौन मेहनत करके खींचने जाय। विश्वविद्यालयों में

देखिए, दनादन पी-एच.डी. अवार्ड हो रही हैं। नव्वै प्रतिशत माल नेट से उपलब्ध हो जाता है। दस प्रतिशत में परिवार और गाइड का आभार और अंत में उपसंहार। ये भी न करना चाहो तो नेट से नकली डिग्री भी मिल सकती हैं।

—तेरी बात हमारे पल्ले नायं परी।

—पल्ले कैसे पड़ेगी चचा! तुम इंटरनेट के बारे में कुछ जानते ही नहीं हो। मेरे लैपटॉप पर इस समय वायरलैस नेट-कनैक्ट लगा हुआ है। किसी भी विषय पर तुम मेरी परीक्षा अभी ले सकते हो। शानदार भाषण दूंगा।

—आज आठ जुलाई ऐ। आठ जुलाई पै भासन दै कै दिखा।

—दो मिनट का समय तो दोगे। ये भरा गूगल सर्च में आठ जुलाई... और ये विकिपीडिया पर भी भर दिया लो। अब सुनो! आठ जुलाई हमारे इतिहास का एक ऐसा दिन है जब खुशियां भी मनाई गईं और गम भी हुए। कहीं सुख बढ़े तो कहीं कुछ कम भी हुए। पिछले एक हज़ार साल में जब जब आठ जुलाई आई, कुछ ताप कुछ तेवर लाई। पं. नेहरू और श्याम बेनेगल ने भारत को खोजने की बहुत कोशिश की पर पहली कोशिश अब से छः सौ ग्यारह साल पहले वास्कोडिगामा ने की थी। आज के ही दिन उसका जहाज़ भारत को खोजने निकला था। ग्यारह महीने की समुद्री यात्रा के बाद वो केरल के कालीकट के तट पर पहुंच गया। उसने भारत खोज लिया।

—वानै का खोजौ? भारत तौ पहले ते ई खोजौ-खुजायौ ओ।

—मित्रो! चलो अगली खोज बताता हूं। आज के ही दिन नौ सौ नव्वै साल पहले पन्द्रह हज़ार भूखे ईसाई सिपाहियों ने जेरूसलम में जुलूस निकाला था। और आपने सुनी होगी लिबर्टी-बैल! जो आज के ही दिन फिलेडेल्फिया में स्वतंत्रता की घोषणा करने के लिए बजाई गई थी। इस घंटी में समता, स्वतंत्रता और भाईचारे की गूंज थी। इस गूंज ने विश्व भर को जनतंत्र का रास्ता सुझाया। पर अफसोस बहुत ठोस कि अठारह सौ बानवै में इसी दिन न्यूफाउण्डलैंड में भयंकर आग लगी। इतनी तबाही मची कि इसे ग्रेट-फायर का नाम दिया गया। सद्दाम हुसैन तो बेचारा बाद में मारा गया, लेकिन उन्नीस सौ बयासी में आठ जुलाई के ही दिन दुजैल में उसे बम से उड़ाने की कोशिश हुई थी। उन्नीस सौ निन्यानवे में इसी दिन ऐलेन डेविस को फ़्लोरिडा में मृत्युदण्ड दिया गया। लेकिन मित्रो, यह आखिरी मृत्युदण्ड था जो बिजली की कुर्सी पर दिया गया। एक और अफसोसनाक वाक़या हुआ इसी दिन, सन दो हज़ार तीन में , सूडान ऐयरवेज़ की फ्लाइट थर्टी नाइन में एक सौ सोलह लोग मारे गए। विधाता का करिश्मा देखिए कि दो साल का एक बच्चा बच गया। उन्नीस सौ चौरानवे में आज के ही दिन कोरिया के कम्युनिस्ट शासक किम इल सुंग का देहांत हुआ। आपने किम इल सुंग की मोटे गत्ते के जिल्द वाली किताबें जामा मस्जिद के फुटपाथों पर बीस साल पहले बिकती देखी होंगी। नॉर्थ कोरिया पर पूरे छियालीस साल शासन किया। मरते-मरते भी वह अपने बेटे किम जोंग को

राष्ट्रपति बना गया। इतिहास के पन्ने फड़फड़ायमान हैं। मित्रो, मैं आपको आठ जुलाई के बारे में कम से कम सौ तथ्य अभी और बता सकता हूं।

—बस बस रहन्दै! इतिहास के बड़े-बड़े प्रौफेसर गस खायकै ढेर है जांगे। पर चम्पू, सारे उदाहरन बिदेसी! ऐं, भारत के ताईं आठ जुलाई कौ कोई महत्व नाऐं का?

—चचा! नेट पर अभी सिर्फ एक ही नीट-सी एंट्री मिली है। उन्नीस सौ अठावन में आज के ही दिन अभिनेत्री नीतू सिंह का जन्म हुआ था। चाहो तो बधाई दे दो।

8 जुलाई 2009

पुर्ज़े जोड़ने वाले चलते पुर्ज़े

—चौं रे चम्पू! ऐसौ कौन सौ यंत्र ऐ जाते पैसन की इफरात है जाय?

—ऐसा एक ही यंत्र है जो पैसों की इफ़रात करा सकता है। पैसों की बरसात करा सकता है। पैसों के दिन-रात करा सकता है।

—बता-बता!

—इतनी आसानी से नहीं बताऊंगा चचा! कोई सुन लेगा। कान इधर लाओ तो बताता हूं। ....और ये भी सुन लो, किसी और को बताना मत! चचा, वो यंत्र है— षड्यंत्र! ....अरे हंस रहे हो! बिल्कुल सही बात बताई है।

—हां! बात में दम ऐ, पर इस्तैमाल कौ तरीका तौ बताऔ?

—षड्यंत्र नामक यंत्र को लगाने के लिए निष्ठाहीनता की ज़मीन चाहिए। यानी बेवफ़ाई, बेमुरव्वती, अनिष्ठा और नमकहरामी। जिसका खाओ उसको भूल जाओ। खाने के नए-नए प्रबंध करो और पाचन-शक्ति बढ़ाओ। पाचन-शक्ति भी ऐसे नहीं बढ़ेगी। उसके लिए अहसान फरामोशी के साथ

चाहिए ज़मीरफरामोशी। अपने ज़मीर को भी धोखा दो। यानी निष्ठाहीनता की ज़मीन पर विश्वासघात की बुनियाद डालो। अपघात करो, कपट करो। गद्दारी, दगाबाज़ी, हरामखोरी ये वे तत्व हैं जो बुनियाद को मज़बूत करते हैं। मित्रद्रोह या मित्रघात से बुनियाद और पुख़्ता होती है। अब षड्यंत्र नामक यंत्र को स्थापित करने के लिए कुछ चीज़ें ऐसैम्बल करनी पड़ेंगी। पुर्ज़े जोड़ने के लिए चलता पुर्ज़ा बनना पड़ेगा। वो पुर्ज़े हैं छल, कपट, छद्म, जालसाज़ी, ठगई, दगा, धांधली, धूर्तता, प्रपंच, पाखण्ड, फंद, दंद-फंद, फरेब, मक्कारी, फेराहेरी, बेईमानी। इन पुर्ज़ों को जोड़ने वाला भी एक पुर्ज़ा होता है। षड्यंत्र का सबसे महत्वपूर्ण पुर्ज़ा— भ्रष्टाचार।

—इत्ते सारे पुर्जा?

—समाज में बिखरे पड़े मिल जाएंगे। ख़ास मशक्कत नहीं करनी पड़ेगी चचा। इन पुर्ज़ों को इकट्ठा करने के लिए एक सवारी चाहिए। उस वाहन का नाम है— अवसरवाद। चढ़ते सूरज को सलाम करो, अपनी सुविधा, मतलबपरस्ती और स्वार्थ-साधना के लिए स्वयं को परिवर्तनशील बनाओ। तोताचश्म हो जाओ। सवारी करने के लिए गद्दारी का हुनर ज़रूरी है। गद्दारी करो, तभी गद्दी मिलेगी। हर पुर्ज़ा नए पुर्ज़े को ढूंढने में मदद करता है। एक बार अवसरवाद की सवारी कर ली तो राह चलते आंखों में धूल झोंकना, उल्लू बनाना, चकमा देना अपने आप आ जाएगा। कुछ कौशल अनुभव से आएंगे जैसे— सांठ-गांठ, मिलीभगत, दुरभिसन्धि,

कृतघ्नता आदि-आदि। तुम धीरे-धीरे लोगों को काटना सीख जाओगे। मीठी छुरी बन जाओगे। शहद से मीठी छुरी। मौकापरस्त बने रहे तो पस्त नहीं हो सकते। व्यस्त रहोगे और मस्त रहोगे। तुम्हारा यंत्र यानी कि षड्यंत्र, पैसों का धकाधक प्रोडक्शन करेगा। ....और पैसे से क्या काम नहीं हो सकता चचा?

—का पैसन ते ई सारे काम हौंय?

—अब चचा तुम मुझे ज़मीन से ज़मीर पर ला रहे हो। सोचना पड़ेगा। बाई द वे, मैं तुम्हारा सवाल भूल गया, ज़रा फिर से बताना।

—यंत्र कौ इस्तैमाल सुरू कर दियौ का?

—नहीं चचा! अभी पुर्ज़े जोड़े कहां हैं?

—मैं तेरी फितरत जानूं। तू नायं जोड़ सकै। सब्दन कूं जोड़िबे कौ खेल कर सकै ऐ बस्स। सवाल कौ जवाब दै। का सारे काम पैसन ते ई हौंय?

—नहीं चचा! कुछ काम सिर्फ 'पैशन' से होते हैं। आंतरिक उत्साह, समर्पण और प्रतिबद्धता से। कोई पैसा दे कर सारे काम नहीं करा सकता। पैशन दुनियादार नहीं होता। वह तो अन्दर की ज्वालाओं में तप कर आता है। वह ख़ुद नहीं बदलता, ज़माने को बदलता है। यह भी एक यंत्र है, पर षड्यंत्र नहीं सद्-यंत्र है। अगर सारे लोग इस यंत्र से काम लें तब भी पैसे की इफ़रात हो सकती है। वह भी अवसरवाद होगा लेकिन सिर्फ अपने लिए नहीं, सबके लिए अवसर।

पता नहीं ऐसे दिन देखने का अवसर कब मिलेगा? अपने एक दोस्त हैं चचा, मारूफ़ साहब, वे अक्सर कहा करते हैं— 'ऐसे दिन आएं कि ख़्वाबों की ज़रूरत न रहे, ऐसे कुछ ख़्वाब भी पलकों पे सजाए रहिए'। मैं मानता हूं ऐसे दिन आएंगे चचा। पैशन में कमी नहीं रहेगी तो पैसन में भी कमी नहीं रहेगी।

15 जुलाई 2009

सच का सामना

—चौं रे चम्पू! तू कित्तौ सत्यबादी ऐ रे?

—बहुतों से ज़्यादा सत्यवादी हूं। खरी और सही बात कहने में भरोसा रखता हूं, लेकिन अप्रिय सत्यों से बचने की कोशिश भी करता हूं। 'सत्यं ब्रूयात प्रियं ब्रूयात नब्रूयात सत्यमप्रियम' को मानता हूं। अप्रिय मामले हों तो कई बार सच बोल कर भाग लेता हूं, कभी तो सच से ही भाग लेता हूं।

—यानी, तू सच कौ सामनौ नायं कर सकै?

—सच का सामना करने की ताक़त मनुष्यों में नहीं होती चचा। पशुओं में मनुष्यों से ज़्यादा होती है। मनुष्य ने अपने लिए नीति-अनीति के इतने ताने-बाने बना लिए हैं कि उनसे निकल कर हंड्रैड परसेंट सत्यवादी बने रहना नामुमकिन है। इन दिनों टीवी पर एक रिएलिटी शो आ रहा है, नाम ही उसका 'सच का सामना' है। हॉट सीट पर किसी नामीगिरामी को स्पर्धी बनाकर बिठाया जाता है फिर उससे अंतरंग और गोपनीय सवाल पूछे जाते हैं, सच बोले तो पैसा

मिलता है। कुर्सी मनभेदी है। झूठ पकड़ लेती है। झूठ बोलते समय शरीर में जो भौतिक रासायनिक परिवर्तन आते हैं उनका पौलीग्राफ बना देती है। बंदा सवालों के जवाब में धकाधक सच बोलता जाए तो एक करोड़ तक जीत सकता है।

—कैसे सवाल?

—जैसे— क्या आपके अपनी भाभी से शारीरिक संबंध थे? क्या आपने अपने पति के अतिरिक्त किसी से शारीरिक संबंध बनाए? क्या आपने अपने दोस्त के साथ विश्वासघात किया? काम्बली से पूछा था कि क्या आपके प्रिय दोस्त सचिन ने आपको कभी धोखा दिया? और सत्यवादी बनने का पैसा देने वाली सीट पर बैठ कर उसने बता दिया कि हां दिया था। कहते हैं कि कार्यक्रम देख कर सचिन एकांत में रोए। किसी से पूछा कि क्या कभी वेश्या के पास गए? फिर पूछा कि क्या आपने अपनी बेटी की उम्र से कम उम्र की कन्या से संबंध बनाए? हॉट-सीटित ने कह दिया कि बनाए। दर्शकों को जवाब पर मज़ा आया और साथ में गालियां भी दीं— कम्बख्त! वहशी! हवस के कीड़े! कुछ लोग ऐसे सवालों को टाल गए, या झूठ बोला तो पौलीग्राफिक मशीन को अपने माफिक नहीं लगे। शो चाहता है कि समाज-सेवा बताओ तो मसाज-मेवा भी बताओ। समाज-सेवा जानने में किसकी दिलचस्पी है, मसाज-मेवा बताओ और एक करोड़ की मलाई खाओ। फ्रायड की जय बोलो और अपने फ्रॉड खोलो। चचा देह का नाता तो कुदरत ने सारे प्राणियों के

लिए एक सा बनाया है। देह के नाते में नेह का नाता भी हो तो जीवन भर सुखों का मेह बरसता है। नेह से भटके तो रेगिस्तान की रेह मलते रहो देह पर। न घर न बेघर।

—बेपर की मत उड़ावै। तू बैठैगौ वा सीट पै?

—कभी नहीं! परमेश्वर सत्य हो सकता है, पर मैं मनुष्य के सत्य को परमेश्वर नहीं मानता। चचा, हर सामाजिक प्राणी के पास दो तरह के सच होते हैं। अपने लिए गोपन सच और समाज के लिए ओपन सच। भारत में समाज अभी इतना ओपन नहीं हुआ है कि अपने हर प्रकार के वीभत्स और जुगुप्सा पैदा करने वाले गोपन को सामने ले आए। सत्य का बीज फूटने के बाद दोनों तरफ बढ़ता है। धरती में जाता है जड़ बनकर और ऊपर आता है तने की तरह तनकर। कहते हैं जड़ मत खोदो, पेड़ गिर जाएगा। जड़ बदसूरत होती हैं चचा, पर पेड़ उन्हीं से सुन्दर और हराभरा होता है।

—तौ जे जड़मति ऐसे कार्यक्रम दिखामें ई चौं ऐं?

—सास-बहू और बालिकावधू में लोगों को मज़ा नहीं आ रहा। कथा में बैठे लोगों से कोई आकर कहे कि इधर पड़ौसी के घर में झांक कर देखो क्या चल रहा है तो आधे से ज़्यादा लोग बिना परसाद लिए बेटिकिट तमाशा देखेंगे। चेहरे पर आंखें चौड़ गईं तो बाकी लोग भी उठ आएंगे। भूख और ग़रीबी का सच नहीं दिखाते रिएलिटी शो में। दिमागी ग़रीबी और शारीरिक भूख दिखाते हैं।

—दिखाऔ न दिखाऔ, सच तौ सच ऐ! सच कौ कोई

विकल्प नाएं।

—जिस सच का कोई विकल्प नहीं, वो कहां रहता है चचा? फिल्मी गानों में बड़ी सचाई से बताया गया कि जितने भी सइयां थे वे 'झूठों के बड़े सरताज निकले'। अच्छी तरह मालूम है कि 'झूठ बोले सइयां हमार', फिर भी उसी पर उमड़ता है प्यार। यहां तक कि 'मनमोहना बड़े झूठे'! प्यारे का झूठ प्यारा होता है। झूठ मनुष्यता की पहचान है, सत्य देवताओं की। कितने देवता हैं इस धरती पर? और जो हैं, क्या उन्होंने कभी झूठ नहीं बोला? बोलो? तुम बैठोगे उस गर्म कुर्सी पर?

—एक करोड़ में तौ बगीची में बहार आय जायगी। सब बताय दिंगे। हमारौ का ऐ?

—तुम्हें कोई बुलाए तब न!

22 जुलाई 2009

बाजरे की बाली पर बरखा की बूंद

—चौं रे चम्पू! तोय गुस्सा आवै कै नायं?

—चचा! गुस्सा तो प्राणि-मात्र की पहचान है। हंसी, कहते हैं सिर्फ़ मनुष्य के हिस्से में आई है, पर क्रोध भी मनुष्यता को रेखांकित करता है। हंसी अगर अधरों का सौन्दर्य है तो क्रोध रीढ़ की हड्डी का सात्विक अस्तित्व है। जिस आदमी को क्रोध नहीं आता वह तो मेरुदंड-विहीन है। लुंज-पुंज है। कभी सीधा खड़ा नहीं हो सकता। लेकिन मैं मानता हूं कि क्रोध सबसे मूल्यवान चीज़ है और मूल्यवान चीज़ ऐसे ही ख़र्च नहीं की जाती। चार लाइन सुन लो।

—है जायं! सुना।

—क्यों तू आवेग का ज़ख़ीरा है? हर समय आत्मा अधीरा है!
क्रोध को व्यर्थ ख़र्च मत करना, क्रोध तो कोहिनूर हीरा है!

—वाह लल्ला वाह!

—कोहिनूर हीरा दोबारा कहां से लाओगे? बाद वाले क्रोध तो ईंट-पत्थर बन जाते हैं। इधर से फेंकोगे तो दूसरी तरफ से

भी आएंगे। मूल्यवान चीज़ दो कौड़ी की हो जाएगी। चचा, क्रोध आता है पानी के उबाल की तरह। एक उबाल में पानी शुद्ध हो जाता है, लेकिन पतीली के नीचे से आंच न हटाई तो सारा पानी भाप बन जाता है। पतीली काली पड़ जाती है।

—क्रोध तौ खुदई एक आग ऐ लल्ला।

—क्रोध अगर आग है तो उस पर पानी डालो। बुझा दो! लकड़ियों को सुलगने भी मत दो! आगे काम में आएंगी, वरना राख बन जाएंगी। बुजुर्ग लोग कह गए हैं कि क्रोध एक प्राणहारी आत्मघाती शत्रु है। मित्र-मुखी शत्रु है। ऊपर से लगेगा कि आपका दोस्त है, लेकिन अंदर-अंदर होगा आपका दुश्मन, क्योंकि क्रोधी मनुष्य कार्य-अकार्य का विचार नहीं करता। कथनीय अकथनीय कुछ नहीं सोचता। क्या करना चाहिए, क्या नहीं करना चाहिए, इसका निर्णय तब किया जाय जब क्रोध न हो, तो ज़्यादा अच्छा है।

—तू तौ फिर प्रबचन दैन लगौ भइया!

—क्रोधित होकर कह रहे हो या सम्मान दे रहे हो? तुम्हारा कुछ पता नहीं चलता चचा! इतना जानता हूं कि तुम्हें जब क्रोध आता है तो मुस्कुरा कर बातें करते हो। ये तुम्हारे बड़प्पन की निशानी है।

—लल्ला! हम तौ इत्तौ जानैं कै क्रोध अज्ञान ते पैदा होय और अहंकार ते बढ़ै।

—सार बात तो तुमने कह दी चचा, अब मैं इसके आगे क्या बोलूं? बहुत सही कहा। अहंकारी को बड़ी जल्दी क्रोध आता

है। अहंकारी मूर्ख होता है, ये सब जानते हैं। ज्ञान का भ्रम उसको हो सकता है, लेकिन वह ये भूल जाता है कि उसके क्रोध से उसकी स्वयं की कीर्ति नष्ट होती है। जब आदमी को ग़ुस्सा आता है तो उसे दिखना बंद हो जाता है। चारों तरफ की फूट जाती हैं। भृकुटि वक्र हो जाती हैं। उसके अधरों के दोनों किनारे नीचे की ओर लटक जाते हैं। कल फोन पर गोपाल जी से बात हो रही थी, वे बोले ऐसे लोगों की संडासी मुद्रा होती है। मैंने कहा— हां, क्रोधी के अधरों के ध्रुवांत ऊपर नहीं उठते। संडासी मुद्रा में दूसरे के गले में संड़ासी डालने की फिराक में रहते हैं।

—अच्छा जे बता, सबते जादा बुरौ क्रोध कौन सौ ऐ?

—परिचित लोगों का क्रोध सबसे बुरा होता है चचा। जो जानते-बूझते नकारना शुरू कर देते हैं। कुटुंब टूट जाते हैं, समाज का नुकसान होता है। इस क्रोध में अहंकार के पीछे ईर्ष्या भी आ जुड़ती है। ऐसे अहंकार का पोषण तो कभी नहीं करना चाहिए।

—और सकारात्मक क्रोध?

—जिसका व्यापक मनुष्यता के हित में कोई पवित्र मकसद हो। अपनी मलाई के लिए नहीं, दूसरों की भलाई के लिए आए। दुष्टों से समाज को बचाए। सिर्फ़ अपने स्वार्थ राग नहीं गाए। चेहरे को विकृत नहीं करे, तेजस्विता दिखाए। कांटेदार बबूलों की तरह लहूलुहान न करे, 'कलगी बाजरे की' नचाए। अपनी कौंध से विध्वंस न करे, बिजली की शीघ्र अर्थिंग हो जाए। चचा, क्रोध होना चाहिए बाजरे की बाली पर बरखा की

बूंद की तरह, जो बाली के बालों पर पल भर भी नहीं ठहरती, ढलकते-ढलकते जड़ों में पहुंच जाती है। जिससे दमकता है पौधा। अन्यथा इंसान औंधा। चचा, विचार है कि नहीं सौंधा?
—चकाचक्क!

29 जुलाई 2009

अभी मैं कोई बयान नहीं दूंगा

—चौं रे चम्पू! तबीयत तौ ठीक ऐ?

—नहीं! एक महामारी की चपेट में आ गया हूं।

—कौन सी महामारी लल्ला? स्वाइन फ्लू है गयौ ऐ का?

—स्वाइन फ्लू है न स्वान फ्लू, यानी महामारी न सूअर वाली है न हंस वाली, महानता का महारोग लग गया है चचा!

—वाके का लच्छन हौंय?

—मैं जब स्वस्थ था तब हर बात का तत्काल उत्तर दिया करता था। सोचने से पहले बोलना शुरू! आजकल गुम्माटा लग गया है। चचा, मैंने बहुत से महान लोगों को देखा है कि वे अपनी बात का तत्काल उत्तर नहीं देते हैं। पलकें झपकाते हैं, मुंडी को ऊपर-नीचे घुमाते हैं, सिर खुजाते हैं, फिर चश्मा साफ करते हुए कहते हैं— 'देखिए, इस पर अभी मैं कोई बयान नहीं दूंगा।' उनसे पुनः पूछा जाता है तो वे 'नौ कॉमैंट्स' कह कर आगे

बढ़ जाते हैं। ऐसे लोग मुझे सदा से महान लगते रहे हैं। परसों महान शाहरुख़ खान ने भी कहा था कि आप जब उम्रदराज हो जाते हैं तब आपको पता चलता है कि 'नो कॉमैंट्स' की ताक़त क्या है। पिछले कुछ दिनों से मैं भी 'नौ कॉमैंट्स' कहकर प्रश्नों से किनारा कर रहा हूं। ज्यों की त्यों वही बोली मेरे कंठ से निकल रही है— 'देखिए, इस पर अभी मैं कोई बयान नहीं दूंगा।' बोलने के बाद लगता है कि अरे, मैं तो इस महानता की महामारी की चपेट में आ गया। जिस बीमारी से नफ़रत करता रहा हूं, मुझे लग गई। अब क्या हो?

—खुल कै बता, तब कोई निदान सोचैं।

—पत्रकारों के फोन आ रहे हैं। मैं उन्हें यही उत्तर दे रहा हूं। वे फिर-फिर मेरी खोपड़ी को खोदते हैं। यह तो ठीक है कि आप अभी बयान नहीं देंगे, लेकिन यह तो बताइए कि ऐसा जो हुआ, वैसा क्यों हुआ? मैं कहता हूं कि वैसा होने के ऐसे कारण थे जिन्हें ऐसे बताने में कैसे-कैसे लोगों को वैसा-वैसा लग सकता है। वैसे, वैसा होने के पीछे, ऐसा है कि पद हो सकता है, पुरस्कार हो सकता है, पैसा हो सकता है और कुछ नहीं भी जैसा हो सकता है, लेकिन वैसे लोगों के बारे में मैं ऐसा-वैसा कोई बयान क्यों दूं?

—सब तौ बोल दियौ, और का बोलैगौ? पर मैंनै तेरे दिमाग की नब्ज़ टटोल लई। निस्चिंत रह! तोय जे

बीमारी अबहिं नायं लगी। सुनी ऐ कै नायं? एक चुप्प सौ कूं हरावै।

—मौन के बारे में तरह-तरह की धारणाएं हैं, चचा। कोई कहता है कि मौन मूर्खों का लक्षण है, कोई कहता है विद्वानों का। कालिदास ने मौन साधा। महात्मा गांधी जब घिर जाते थे तब मौन साध लेते थे। बाद में कहते थे कि मौन से अच्छा कोई भाषण नहीं। बौद्ध धर्म के पालि भाषा के ग्रंथों में मौन को सबसे बड़ा ज्ञान बताया गया है। कहते हैं कि मिर्ज़ा गालिब भी आफ़त आने पर ख़ामोश रहते थे, लेकिन शेर कहने से नहीं चूकते थे— 'है कुछ ऐसी ही बात, जो चुप हैं, वरना क्या बात कर नहीं आती।' फारसी में एक लोकोक्ति है— 'जवाबे जाहिलां, बादिश ख़मोशी', यानी मूर्खों की बात का उत्तर मौन है, लेकिन महान चिंतक बेकन ने मौन को मूर्खों का गुण बताया।

—मूर्ख जब बोलैं तौ पोल खुल जायौ करै, उनैं छाड़, विद्वानन की बता।

—अज्ञेय जी का जब मन आता था, मौन की अहेरी गुहाओं में चले जाते थे। बड़े-बड़े ऋषि कह गए हैं कि मौन एक निरंतर वाणी है, सर्वोत्तम भाषा है। मुझे याद आता है दोस्त नवाज़ देवबंदी का एक शेर— 'ऐसी-वैसी बातों से तो अच्छा है ख़ामोश रहें, या फिर ऐसी बात कहें जो ख़ामोशी से अच्छी हो'।

—अपनी ऊ तौ कछू सुना।

—अपनी हालत ख़राब है चचा! आभ्यंतर में हर पल ऋतुएं बदल रही हैं— 'मेरे अन्दर की क़ुदरत ने ख़ज़ाने किस क़दर खोले? अभी गर्मी, अभी सर्दी, अभी बारिश, अभी ओले! न जाने कितने शिकवे थे, न जाने कितनी बातें थीं, हुआ जब सामना उनसे, न वे बोले न हम बोले।'

—इत्तौ समझदार ऐ, ना तौ मूरख ऐ न महान, फिर जे महामारी कैसै लग गई रे?

—दिक्कत ये है कि वे बोल रहे हैं और मैं चुप हूं।

—परेसान मत होय लल्ला! उनैं बोलन्दै और अपनी पोल खोलन्दै। तोय बोलिबे की ज़रूरत ई नायं परैगी। स्वस्थ महसूस कर और काम किए जा।

5 अगस्त 2009

—नोट पे भासा कौन पढ़ै?

—कोई नहीं पढ़ता चचा। भाषाओं के सूरमा भी नहीं पढ़ते। सबके सब या तो हिंदी पढ़ते हैं या अंग्रेज़ी। पर जनतंत्र है चचा! करोड़ों की आबादी में एक भी आवाज़ उठे तो सुनी जानी चाहिए। उपेक्षा नहीं की जा सकती, पर अपेक्षाएं तत्काल पूरी कर दी जाएं, यह भी तो ज़रूरी नहीं है। पता करना होगा कि किसे भाषा का दर्जा दिया जा सकता है और कौन-सी सिर्फ बोली है। एक भाषा के अनेक रूप होते हैं जो बोली कहलाते हैं। हिंदी की कितनी ही बोलियां हैं। मैं देशभर में घूमा हूं। किसी भी आदमी से दो चार मिनट की बातचीत से पता चल जाता है कि रामपुर का है या रायपुर का, मुजफ्फरनगर का है या मुजफ्फरपुर का। आगरा, हाथरस, मथुरा, भरतपुर, डीग, कामा, कोसी, वृंदावन, इगलास, अलीगढ़, कासगंज, सभी जगह ब्रज भाषा बोली जाती है, पर रूप अलग-अलग हैं। भाषागत पहचान से इंसान की अस्मिता जुड़ गई तो झगड़ा मुहल्ले-मुहल्ले तक पहुंच जाएगा। भाषा संवाद के लिए होती है चचा। ऐसे झगड़े तो संवादहीनता बढ़ा देंगे। एक होती है प्रेम की भाषा, वह दिलों पर छपी होती है, नोट पर नहीं। गांधी जी दुःखी हैं चचा, क्या किया जाए?

—बगीची पै उनकौ स्वागत ऐ। हिंदुस्तानी में बात करिंगे उनते। पर जे बता उन अड़तीस भासान में अपनी ब्रजभासा है कै नायं?

—ब्रजभाषा कहां से होगी? ब्रजवासी सदा के संतोषी। भाषा को

विवाद का कारण नहीं मानते। विपुल साहित्य है। हिंदी की जननी मानी जाती है। लेकिन अब शायद इसे हिंदी की बोली मानकर ही खारिज कर दिया जाय।

—सामिल करा। साठ की जगह इकसठ है जांगी।

—तो आप मुझे भी लड़ाई के मैदान में उतारना चाहते हैं? रहने दीजिए चचा, मसले अपने आप सुलझेंगे। बहुत सारी भाषाओं की लिपि तो एक ही है— देवनागरी।

—तौ गांधी जी ते कह दै, परेसान न होंय। नोट पै बने रहें।

—हां, भाषाओं को यदि नोट के कागज़ों पर स्थान नहीं मिला तो वे अपने दिल में तो दे ही सकते हैं।

12 अगस्त 2009

इक्कीसवीं सदी के लिए गांधी ज़रूरी

—चौं रे चम्पू! कछू नई ताजी है तेरे पास? बता कोई नई बात।

—चचा, हर पल नया है।

—हर पल की छोड़, पिछले कल्ल की बता, ताते अगले कल्ल कूं सुधार सकें।

—चाचा कल हिन्दी अकादमी का एक अद्भुत कार्यक्रम हुआ । गांधीजी की सौ साल पहले लिखी किताब 'हिन्द स्वराज' और उनकी आत्मकथा 'सत्य के प्रयोग' का पुनर्प्रकाशन के बाद लोकार्पण हुआ। पुरानी भूमिकाओं के साथ बडी अच्छी छापी हैं।

—दौंनौं किताबन कौ हल्ला तौ बरसन ते सुनत आय रए ऐं, खास बात का ऐ बता?

—चचा 'हिन्द स्वराज' पतली सी किताब है। गांधी दर्शन की बुनियाद, केवल दस दिन में लिखी गई थी। 13 नवम्बर 1909 से 22 नवम्बर के बीच। संवाद शैली में

है। पाठक प्रश्न करता है और संपादक के रूप में गांधी जी उत्तर देते हैं। शिक्षा, सभ्यता, स्वराज, हिन्दुस्तान की दशा, गोला बारूद, और मशीनों पर जो राय सौ साल पहले दी थी, वह आज भी सोचने और मानने योग्य है। देखिए चचा! बीसवीं सदी को गांधी प्रभावित कर ही रहे थे कि अचानक रूस की क्रांति के बाद मार्क्सवाद के रूप में नई चिंतनधारा मिली। दो तिहाई दुनिया उस चिंतन से प्रभावित होकर बदल भी गई, लेकिन बीसवीं सदी के अंतिम दौर में सोवियत संघ के पतन के बाद आस्थाएं चरमराने लगीं और बहिर्जगत से अंर्तजगत की ओर लौटने का सिलसिला शुरू हुआ। गांधी तो पहले से ही अंर्तजगत की बात कर रहे थे। द्वेष की जगह प्रेम, हिंसा की जगह आत्म बलिदान और पशुबल की जगह आत्मबल की वकालत कर रहे थे। पाशविक पश्चिमी सभ्यता और यंत्रवाद के विरोध में उन्होंने आत्मशक्ति का उपयोग करते हुए अहिंसा की सामर्थ्य के झंडे गाड़ दिए। झंडे उखाड़ने वालों ने कहा कि गांधी भूतकाल के उपासक हैं। पुनरुत्थानवादी हैं। आध्यात्मिक स्वराज और सर्वोदय जैसी चीजें काल्पनिक जुगाली हैं, कभी घटित नहीं हो सकतीं। लेकिन चचा लोग अब अंतरराष्ट्रीय गालियां सुनते-सुनते 'हिन्द स्वराज' की आध्यात्मिक जुगाली पर आ रहे हैं।

—वाह रे गांधीवादी! पहलै तौ तू क्रांति और रक्त क्रांति की बात करतो, जे आध्यात्म कहां ते घुसौ तेरे भीतर?

—ये दिल और दिमाग कोई जड़ पदार्थ नहीं हैं चचा! जब दिल सोचता है और दिमाग महसूस करता है तब निष्कर्षों पर पहुंचने से पहले पुर्नविचार ज़रूरी हो जाता है। माना चीजें जटिल हैं, उनका सरलीकरण नहीं किया जा सकता, पर उन्हें सरल ढंग से ही सुलझाया जा सकता है। लोकार्पण के बाद मुख्यमंत्री शीला जी ने कहा कि गांधी से सीखना होगा कि सादगी से कैसे रहा जाए, क्योंकि जैसे हम रहेंगे वैसे ही हमारे विचार बनेंगे। उन्होंने गांधी जी के तीन बंदरों का हवाला दिया।

—बंदरन कौ तौ खूब मजाक बनौ रे!

—हां, आजादी मिलने के बाद बहुत सी व्यंग्य रचनाएं लिखी गईं। पिछले बीस साल से ये सिलसिला थमा हुआ है। आखिर कब तक बंदरों को कोसते जब उनसे भी गए गुजरे जीवधारी अनिष्ट करने लगे। प्रतीकों के बजाय व्यंग्य में सीधी बात की जाने लगी। नेता, पुलिस और प्रशासन पर व्यंग्यकारों ने खूब कलम चलाई। पिछले दस सालं से देख रहा हूं कि इन व्यंग्यों की मार भी भौंथरी हो गई है। व्यंग्य करो, उसका असर हो, तब तो फायदा है। गेंडे को पिन चुभाते रहे या गुलगुली करते रहे, उस पर क्या फर्क पड़ेगा? सिर्फ नकारात्मक होने से समाज नहीं बदलना विकल्प तो बताओ कि क्या करें? और चचा विकल्प के रूप में

हमारे पास बताने के लिए 'हिन्द स्वराज' जैसी किताब है।

—गांधी तौ किताबन में कैद है गए भैया! जीवन में नायं आ सकैं!

—गलत, बिल्कुल गलत! 'लगे रहो मुन्ना भाई' देखी थी कि नहीं? किताबों से निकलकर गांधी जी बहार निकल आए थे। एक गुंडे का हृदय-परिवर्तन सिर्फ परदे पर ही नहीं देखा गया, समाज में भी उस फिल्म ने भूमिका अदा की। उद्घाटन सत्र में श्री प्रभाष् जोशी जी ने बड़ी अच्छी राय दी कि हिन्द स्वराज की दस-दस प्रतियां दिल्ली के हर स्कूल में अकादमी की तरफ से भेजी जाएं और बच्चों से कहा जाए कि इसे पढ़कर अपनी प्रतिक्रिया दें। चर्चा करें विमर्श करें। समझें, समझाएं और हमें यह बताएं कि इक्कीसवीं सदी के लिए गांधी जरूरी क्यों हैं?

—तेरे पिताजी नैं दो लाइन सुनाई हतीं, दीवाल और दीवाली की, याद ऐं का?

—याद हैं। उन्होंने कहा था, 'सत्य, अहिंसा, दया, प्रेम से, अपना तो इतना नाता है, दीवालों पर लिख देते हैं, दीवाली पर पुत जाता है।' व्यंग्य में कहा था उन्होंने, लेकिन चचा मैं मानता हूं कि अब गांधी और गांधीवाद पर व्यंग्य की भाषा में नहीं, अंतरंग आत्मावलोकन की भाषा में बात होनी चाहिए।

हिन्दी की वकालत

—चौं रे चम्पू! तू इत्तौ खुस तौ भौत कम दिखाई देय, चक्कर का ऐ रे?

—चचा, खुश क्यों नहीं होऊंगा! वर्षों की साध पूरी होती नज़र आ रही है। चालीस साल पहले जिस पीड़ा ने जन्म लिया था, आज गायब सी हो रही है। बचपन में बताया गया था कि हिन्दी हमारी मातृ भाषा है, राज भाषा है, सम्पर्क भाषा है, सबको जोड़ने वाली है, द्वेष को तोड़ने वाली है और प्रगति की ओर मोड़ने वाली है। सन अड़सठ में दक्षिण भारत में हिन्दी के विरुद्ध जब आंदोलनों की ख़बरें सुनी तो मेरा युवा हृदय धक से रह गया था। ऐसा क्यों? हम एक साथ अनेक भाषाएं सीख सकते हैं। कम से कम तीन भाषाएं हर देश का वासी जानता है। एक वह जो मां की गोदी में अपने आप सीखता है, दूसरी वह जो पूरे देशवासियों से उसे जोड़ती है और तीसरी वह जो पूरी दुनिया से उसे जोड़ती है।

—खुसी की बात बता।

—हमारे मानव संसाधन मंत्री कपिल सिब्बल ने रविवार को कुछ कवियों, साहित्यकारों, पत्रकारों और मीडियाकर्मियों को अपने घर चाय पर बुलाया था। हिन्दी के नामी-गिरामी लोगों के साथ बड़ी रौनकदार पार्टी हुई। कविताएं भी हुईं, विचार भी रखे गए। स्वयं कपिल सिब्बल ने कुछ कविताएं अंग्रेज़ी में और एक हिन्दी में सुनाई। कुल मिलाकर ऐसा अनौपचारिक वातावरण था जिसमें गूढ़ औपचारिक और भविष्यवादी बातें की गईं। कपिल जी बता रहे थे कि प्राथमिक स्तर तक शिक्षा मातृभाषा में होनी चाहिए। प्राथमिक शिक्षा तमिल, तेलगू, कन्नड़, मलयालम, उड़िया, बांग्ला में हो, बिलकुल सही बात है। मुश्किल कहां आती है, जब ये बच्चे दसवीं के बाद मुख्य धारा में आते हैं और हिन्दी से अपरिचित होते हैं। बहुतों की मातृभाषा हिन्दी है, पर सबकी तो नहीं है। जो मातृभाषा हम सबको जोड़ेगी वह हिन्दी ही होगी और जो बाहर की दुनिया से जोड़ेगी वह अंग्रेज़ी। हमें अपनी संस्कृति से जुड़ना है, एकदूसरे से जुड़ना है और विश्व से जुड़ना है। तीनों ज़रूरी हैं, और इस समय की चुनौती ये है कि तीनों भाषाओं को उनके कद के अनुसार मान देते हुए अपने बच्चों को शिक्षा दी जाए। फिर उन्होंने बताया कि वे कुछ दिन पहले हरियाणा के एक गांव में स्कूल के बच्चों से मिले। उन्होंने बच्चों से उनका प्रिय विषय पूछा, सबने हिन्दी बताया। गणित और विज्ञान में किसी ने अपनी रुचि नहीं दिखाई। कपिल कहते हैं कि चुनौती यह भी है कि केवल हिन्दी में ही रुचि होगी तो क्या हमारा देश शिक्षित हो पाएगा? सारे विश्व में 'प्रोड्यूसर्स ऑफ़ नॉलिज' अंग्रेज़ी में

हैं। अगर हम अपने बच्चों को अंग्रेज़ी नहीं सिखाएंगे तो वे ज्ञान से वंचित रह जाएंगे। जब हम 'प्रोड्यूसर्स ऑफ़ नॉलिज' बन जाएंगे तब लोग हिन्दी को सही महत्ता देंगे। हर बच्चा जीनियस होता है, हर बच्चे की अपनी उड़ान होती है, भाषाओं का ज्ञान उसे बचपन से होगा तो वह स्वयं 'प्रोड्यूसर ऑफ़ नॉलिज' बन सकता है।

—हिन्दी में कौन सी कबता सुनाई?

—ज्यों की त्यों तो याद नहीं, पर भाव कुछ इस प्रकार था कि ग़रीब बेज़ुबान खोया हुआ इंसान है। बापू ने हमें बताया था कि वही दरिद्रनारायण भगवान है। उसकी सेवा को इंसानियत की सही पहचान बनाते हुए उसको ज़ुबां देकर हमें उसका मान बढ़ाना है। ज़ुबान से उनकी मुराद भाषाओं से भी थी। आज हिन्दी भारत में तेज़ी से फैल रही है, लेकिन हिन्दी में ज्ञान के उत्पादन का साहित्य अधिक नहीं लिखा गया। हमारे युवाओं के अंग्रेज़ी ज्ञान ने ही विश्व स्तर पर हमारे देश की पहचान बनाई है। अफ़सोस कि ज्ञान के क्षेत्र में पिछड़ गई हिन्दी। वह इस लोकतंत्र की लोकभाषा तो बनी लेकिन शिक्षा और ज्ञान की भाषा नहीं बन सकी।

—खुसी की बात का ऐ, जे चौं नायं बतावै?

—आज यह जानकर इतनी खुशी हुई कि कपिल सिब्बल देशभर के सारे स्कूलों में हिन्दी की पढ़ाई को अनिवार्य करने के लिए ज़ोरदार वकालत कर रहे हैं और मानते हैं कि हिन्दी का दायरा मातृ भाषा से बढ़कर ज्ञानोत्पादन और सबको एक सूत्र में बांधने वाली भाषा का हो।

—जे तौ बढ़िया बात भई चम्पू!

—हमारे देश का मानव संसाधन मंत्री यदि ठान ले और जनता का समर्थन उसे मिले तो यह सपना साकार होकर रहेगा चचा। आज़ादी मिलने के बासठ बरस बाद अब अगर कपिल सिब्बल पूरे देश की प्राथमिक शिक्षा में हिन्दी अनिवार्य कर रहे हैं तो सारे हिन्दी-प्रेमी ही नहीं, सारे देश-प्रेमियों को आगे बढ़ कर उनका समर्थन करना चाहिए।

—बता कहां चलनौ ऐ? चल, समर्थन करिंगे।

26 अगस्त 2009

विवादों का संवाद

—चौं रे चम्पू! सबते जादा ताकत कौन से वाद में ऐ?

—चचा, विवाद में! और चूंकि विवाद में ताकत होती है इसलिए वे सर्वत्र हैं। वह जगह जन-शून्य होगी जहां विवाद नहीं हैं। आदमी होगा तो विवाद होगा। किसी भी वाद ने समाज को इतना प्रभावित नहीं किया जितना विवादों ने किया। विवादों के बाद मनुष्य वाद की शरण में जा सकता है और वाद की शरण में जाते ही फिर विवाद प्रारंभ। वाद नश्वर हैं, विवाद अनश्वर। वाद सीमाएं बनाते हैं, विवाद सीमाएं तोड़ देते हैं। वाद कहता है, मेरे चौखटे से बाहर मत निकलना। विवाद कहता है, चौखट क्या, चौखटा तोड़ दूंगा। विवाद के रूप हर जगह दिख जाएंगे चचा—

कलह कलेस कहासुनी, बहस बखेड़ा रार,
तर्क कुतर्क तनातनी, 'तू' 'मैं' की तकरार।
'तू' 'मैं' की तकरार, उपद्रव उलझन दावे,

झिकझिक किचकिच किटकिट तैशातैशी लावे।
खंडन मंडन विग्रह बेलगाम मुंहजोरी,
वाग्वितण्डा झगड़ा टंटा सीनाजोरी।
दोषारोपण झमेले, गरमागरमी द्वन्द्व,
सिर्फ़ विवादों से रहें, कुछ प्राणी निर्द्वन्द्व।

—बड़ी खुंदक में ऐ! का भयौ?

—अरे, कैसे भी चैन नहीं है, चचा! तुम तो समीक्षक थे, तुम जनता के कवि कैसे बन गए? तुम चित्रकार थे कविता कैसे लिख दी? तुम अभिनेता थे नेता क्यों बन गए? तुम जनसंघी थे वामपंथी कैसे हो गए? तुम वामपंथी थे, कॉंग्रेसी कैसे हो गए? चौखटा तोड़ते ही, फ्रेम से बाहर निकलते ही, विवाद। हर बात में हील-हुज्जत, जिरह दलील अभियोग। लेकिन-किंतु-परंतु के बिना जी नहीं सकते। कुछ लांछन अभियोग न लगा लें, कुछ प्रश्न, पहेली-पेच न पैदा कर लें, अपनी चित्तपट्ट के लिए कुछ खट्टपट्ट न कर लें, आपत्तियों आक्षेपों की खेप तुम्हारे आंगन में न पटक दें तब तक ये पसीना नहीं पौंछते हैं। सन्न करके प्रसन्नता से रोमांचित होते हैं। बाल की खाल निकालते हुए इनकी खाल के बाल बड़े खुश होते हैं।

—भौत है गई! लै, पानी पी लै!

—पानी पी पी के कोसते हैं चचा। इंसान को इंसान नहीं समझते! जो जैसा है, अगर समाज के लिए ज़रा सा भी उपयोगी है तो उसकी क्षमताओं का लाभ उठाओ। ये नहीं कि उसके जीवन की सारी साधना का मलीदा बनाने पर

आमादा हो जाओ। चचा, कल पढ़ रहा था कि जापान की एक कुंग़फू में निष्णात महिला जो अपने एक मीटर लंबे बालों से ग्यारह कारों को खींच लेती थी, उसने अपने बाल मुंडा दिए और बौद्ध भिक्षुणी हो गई। पूछो क्यों हुई होगी?

—बता चौं भई?

—सो तो मुझे भी नहीं मालूम, पर निश्चित रूप से कोई विवाद हुआ होगा। कुछ ताने-तिश्नों और अभियोगों से टूट गई होगी। अब बौद्ध भिक्षुणी हो गई तो भी चैन नहीं लेने देंगे। इश्क़ करती थी अमुक से! धोखा दिया इसने तमुक को! अखाड़े के पहलवानों से बना कर नहीं रख पाई! बड़ी तुनक मिजाज़ थी! कला पर बड़ा गुरूर था! आलोचनाओं के अनेक अंदाज़ होंगे। कोई कहेगा, अपनी कला नई पीढ़ी को न देकर इसने कुंगफू बिरादरी का निरादर किया? इसने कला का दुरुपयोग किया।

—तू का चाहै, जे बता!

—मेरी बात छोड़ो! मेरी कामना तो ये है कि वह बौद्ध मठ में जाकर अन्य भिक्षुणियों को बाल बढ़ाने की प्रेरणा दे और सबको कुंगफू सिखा दे। एक जीवन में हमने जो सीखा, उसका फायदा उठाया, अगर हम बिना दिए चले गए, छोटी-मोटी लड़ाइयों से, अहंकार से या अपने वाद के प्रमादियों से घबरा गए तो बात नहीं बनेगी। मुक्तिबोध ताना मारेंगे— 'लिया बहुत ज़्यादा, दिया बहुत कम, मर गया देश, अरे जीवित रह गए तुम।' मठ के हालात

देख कर हो सकता है भिक्षुणी फिर से केश बढ़ाना चाहे। जो लिया है वो देना चाहे, अपने नए अनुभवों के साथ। पर वह ऐसा चाह कर भी नहीं कर पाएगी चचा।

—चौं नायं कर पायगी?

—मठाधीश सिर्फ़ बौद्ध धर्म में ही नहीं होते, हर कर्म-क्षेत्र में हैं। कुंगफू के मठाधीश नहीं आने देंगे उसे। उसकी क्षमताओं का आकलन नहीं करेंगे। अंदर से सांकलन कर देंगे यानी सांकल लगा लेंगे। बिना डकार लिए सारी दानपेटियां अपने उदर में उतारने के बाद कहेंगे— इसने हमारी कला को बाज़ारू बनाया। भीड़ के सामने केशों से कार क्यों खींचीं? धन क्यों कमाया? यहां से तिरस्कृत होने के बाद वापस मठ में गई तो वहां भी प्रवेश वर्जित मिलेगा। नियम कायदे वहां भी फ्रेम-जड़े होंगे। भाजपा का घमासान देख रहे हैं! उसके मठाधीशों का मानना है कि जो भाजपा में ऊपर से अथवा बाद में आए हैं उन्हें शीर्षपद नहीं मिलेगा। उन्हें कहना चाहिए कि जिसने गर्भ में भी शाखाएं लगाई हों वही शीर्ष पर जा सकेगा।

—चल छोड़, जे बता 'हिन्द स्वराज' तैनैं लिखी हती का?

—हां मैंने लिखी है, अपने हृदय पर लिखी है, हर मठाधीश को लिखनी चाहिए।

2 सितम्बर 2009

कूबड़ के कबाड़े का ऑपरेशन हो

—चौं रे चम्पू! उदास चौं ऐ? कविसम्मेलन में हूट है गयौ, कै लिफ़ाफ़ा में कम पइसा निकरे?

—दोनों समझ लो। हूट तो नहीं हुआ, लेकिन एक कविता निस्तेज हो गई। लिफ़ाफ़े में कम पैसे नहीं निकले, लेकिन पूरे पैसे घर नहीं ला पाया।

—पहलै कबता सुना, फिर पइसन की बात।

—टहलने निकला था। चौराहे पर भीड़ एक रोते हुए आदमी को निर्विकार घेरे खड़ी थी। तमाशबीनों की जमात में शामिल होते हुए मैंने एक से माजरा पूछा। उसने कान में बताया कि इसकी पत्नी के साथ, इसी के सामने, सामूहिक बलात्कार हुआ। पैसे भी छीन ले गए। बीवी पुलिस-रिपोर्ट नहीं चाहती, पीछे बैठी है। मैंने पूछा कि सब लोग मिलकर रिपोर्ट क्यों नहीं लिखाते। उसने घूरा और चलता बना। मैं तमाशबीनों के बीच अपनी हताशबीनी पर झुंझलाने लगा। पति से सहानुभूति कम,

घृणा ज़्यादा हो रही थी। स्त्री के पक्ष में कवितानुमा कुछ पंक्तियां लिख मारीं।

—सुना तौ सही!

—हुआ सामूहिक बलात्कार, पति कनखियों से देखता रहा लाचार। और जब भाग गए बलात्कारी, कराहते हुए उठी नारी। केश और कपड़े संवारे, आंखों से बरसने लगे अंगारे। गरजते हुए उसने पति से कहा—जा, तू अब मेरे लायक नहीं रहा! ....चचा! चुप क्यों हो गए? नहीं जमीं? जिस देश में राम बिना प्रमाणों के सीता से कह सकते हैं कि जा तू मेरे लायक नहीं रही, वहां स्त्री क्यों नहीं कह सकती कि जा तू मेरे लायक नहीं रहा? ....तुमने तो मेरी कविता सुनकर चुप्पी साधी, पर मेरे एक साथी कवि ने तो कह दिया कि कविता घटिया है। मुझे हूट करते हुए बोला—बलात्कार ताकतवर लोगों की हिंसा का खेल है। तुम्हारे अनुसार तो उस आदमी को लड़ते-लड़ते प्राण दे देने चाहिए थे। यह ऐसा ही सोच है जो बलात्कार पीड़िताओं से भी कहता है कि न कपड़े फटे, न प्रतिरोध किया न प्राण दिए, फिर बलात्कार कहां हुआ। यानी, अगर दोनों मरे हुए पाए जाते तब पुलिस और समाज बलात्कार की पुष्टि मानता। चचा, कवि साथी का तर्क सुनकर मैं पुनः सोचने लगा। बड़े-बड़े विश्लेषणशास्त्रियों, मनोवैज्ञानिकों, सामाजिक चिंतकों ने बलात्कार को जघन्यतम अपराध माना है, लेकिन कुछ लोग सोचने के लिए एक घिनौनी गुंजाइश छोड़ देते हैं

कि महिला की सहभागिता रही होगी। वे बलात्कार को हिलती सुई में धागा डालने जैसा मानते हैं जबकि मेरे अनुसार यह धागे की रील में सुई धंसाने जैसा है। पिछले दिनों वर्तिका नंदा का एक लेख पढ़ा था 'कलम, कैमरा और बलात्कार'। उन्होंने बताया कि भारत में हर साल बलात्कार के उन्नीस हज़ार से ज़्यादा मामले दर्ज होते हैं और असंख्य ऐसे हैं जो थाने तक पहुंचते ही नहीं। मामले प्रकाश में आते भी हैं तो मीडिया उन्हें एक फिल्म, फैशन और रोमांच के पैकेज की तरह पेश करता है। गरीब औरत के साथ हुआ बलात्कार मीडिया के लिए रिपोर्ट का विषय नहीं है। बलात्कार यदि किसी विदेशी राजनयिक महिला, मैडिकल छात्रा या धनाढ्य कन्या के साथ हो तभी उसकी खबर चटख़ारे के साथ पेश की जाती है। कलम और कैमरा दोनों अन्याय करते हैं। इन ख़बरों का कोई फ़ॉलोअप नहीं होता। चचा, पिछले दिनों बलात्कार के राजनीतीकरण को सबने देखा। बहन मायावती और रीता जोशी बहुगुणा का मामला जेल-बेल और खेदनामों तक पहुंच गया। विभांशु दिव्याल ने बलात्कारों का वर्गीकरण किया— दलित बलात्कार, गैर दलित बलात्कार, सामान्य बलात्कार, सैलिब्रिटी बलात्कार। मैं राजकिशोर को भी बेहद पसंद करता हूं, उन्होंने सामाजिक पहलू से बलात्कार पर एक लम्बा लेख लिखा जिसके अंत में कहा था— 'अदालत की और ले जाया जाता हुआ

बलात्कारी वह अभिशप्त आदमी है जिसकी पीठ पर पूरी सभ्यता का कूबड़ है।

—सही बात कही।

—चचा, यहां एक आदमी नहीं था, सामूहिक बलात्कार हुआ था। ताकत के आगे निरीह पति क्या करता? उस व्यक्ति के प्रति मेरी घृणा कम होने लगी। मैंने उसे कुछ धन दिया और कहा कि पत्नी की सलाह से आगे का क़दम उठाना। बहरहाल, मेरी कविता हूट हो गई और लिफ़ाफ़ा कम रह गया।

—बड़ौ अफसोस है रयौ ऐ का?

—अफ़सोस इस बात का है कि बलात्कार के बारे में नालायकी सोच ज़्यादा है। सोच मानवीय होना चाहिए ताकि ऐसी दानवी घटनाओं के बाद पति-पत्नी दोनों एक दूसरे के लायक बने रहें। बुन्देलखंड के किसानों की तरह सूखे और कर्ज़ की चपेट में आकर घर की लाज भी 'रेहन' न रखनी पड़े। दिल्ली यमुनापार की तरह दिनदहाड़े स्कूल के बाहर से छात्राओं के अपहरण न हों। इस सबके लिए सबसे ज़रूरी है कि सामाजिक शक्तियों द्वारा कूबड़ के कबाड़े का ऑपरेशन हो।

9 सितम्बर 2009

गोली के गिरे हुए खोल में

—चौं रे चम्पू! हिन्दी दिवस है गयौ, का हाल ऐं हिन्दी के?

—चचा, हिन्दी की बात मत करो! अभी एक ऐसी सभा से चला आ रहा हूं, जहां सब हिन्दी जानते थे, सब के सब अच्छी या कामचलाऊ अंग्रेज़ी भी जानते थे, पर सभी अंग्रेज़ी में बोल रहे थे। सभापति महोदय जब गंभीर बात करते थे तो अंग्रेज़ी में बोलते और जब उनका मन हल्की-फुल्की बात करने का होता था और चेहरे पर मुस्कान और आंखों में चमक आती थी और ख़ूबसूरती अचानक बढ़ने लगती थी, तब उनके मुंह से हिन्दी झरती थी। बड़ी प्यारी लगती थी। तभी कोई अभिजात सांस्कृतिक कलावंत हिन्दी में अनौपचारिक होने की कोशिश करते हुए और वापस अंग्रेज़ी में आते हुए, उन्हें लगभग याद दिला देता था— अरे! सभापति महोदय, आप क्या कर रहे हैं? गंभीरता न छोड़िए! सभापति महोदय पुनः अंग्रेज़ी की रंगरेज़ी के शिकार हो जाते थे। गंभीर मुद्दे और गर्वीली गंभीर अंग्रेज़ी। हिन्दी फिर

भी खुश! थोड़ा सा सही, पर मौका तो दिया सभापति महोदय ने। लेकिन एक मज़ेदार बात थी...

—मजा की बात पहलै बता।

—सभा में जब सारे लोग आपस में खुसर-पुसर करते थे तो हिन्दी ही बोलते थे, लेकिन जैसे ही सभापति महोदय को संबोधित करना होता था तो मुखारविंद से अंग्रेज़ी फूटती थी। अंग्रेज़ी गोली की तरह छूटती थी और हिन्दी गोली के गिरे हुए खोल में छिप जाती थी।

—तू बड़ौ हिन्दी वारौ बनै है, तू कैसे खोल में घुस गयौ?

—चचा, हिन्दी वालों ने खुद अपनी भद्द पिटा रखी है। उनके बारे में यह धारणा बन गई है कि ये लोग आवश्यकता से अधिक, अनर्गल और विषयांतर करते हुए बोलते हैं। लंबी भूमिकाएं बनाते हैं। मुद्दे पर नहीं आते हैं। विरुदावली गाते हैं। बात गंभीर तभी हो सकती है जब अंग्रेज़ी में बोली जाए। क्योंकि वह सुगठित होगी, बिंदुवार होगी, क्रिस्प होगी। हिन्दी चिप्स के चूरे की तरह बिखर जाएगी और ठोस ठांय-ठांय नहीं कर पाएगी। अंग्रेज़ीदां बुद्धिजीवी हिन्दी बोलने वाले से इसलिए डरते हैं क्योंकि वे समझते हैं कि अच्छी राय देने की जगह यह रायता फैला देगा। जब उसकी बोलने की बारी आती है तो सब घबराते हुए पिंड छुड़ाने की मुद्रा बनाकर उसे हतोत्साहित करते हैं। हिन्दी की खाने वाले और बाहर की दुनिया में हिन्दी-हिन्दी गाने वाले भी अंग्रेज़ी बोल रहे होते है।

—जा कौ मतलब ऐ कै तू कछू बोल नायं पायौ।

—चचा, तुम्हारा पट्ठा हूं, अंग्रेज़ी के अखाड़े में पिट कर कैसे आता।

—का बौलो जे बता?

—मैंने बोलने के लिए हाथ उठाया तो सभापति महोदय बोले, लंच का टाइम हो रहा है। मैंने कहा, हां जी हो रहा है, लेकिन मैं इस बात के लिए क्षमा न मांगते हुए कि हिंदी में बोल रहा हूं और इसकी प्रशंसा न करते हुए कि हिन्दी के परम विद्वान माने जाने वाले लोग अंग्रेज़ी बोल रहे हैं, मैं अपनी दो बात कहना चाहता हूं जो शायद लंच से पहले सूप का काम करें। पहली बात तो यह कि जिस भारतीय संस्कृति की हम बात कर रहे हैं उसके पहिए हमारी अपनी भाषाओं में लगे हुए हैं। अपनी भाषा के पहियों के बिना अपनी संस्कृति का रथ सरपट नहीं दौड़ सकता। हमारे देश में स्थानीय स्तर पर मातृ भाषा, देश में सम्पर्क भाषा के रूप में हिन्दी और अंतरराष्ट्रीय सम्पर्क के स्तर पर अंग्रेज़ी ज़रूरी है, पर जब हम अपने देश में आपस में बात करें तो अपनी भाषा को व्यवहार में क्यों नहीं लाते? दूसरी बात, आज यूनिकोड की महागोद मिलने के बाद हिन्दी बड़े आमोद की स्थिति में आ गई है। उसे कम्प्यूटर पर वह सारी सुविधाएं उपलब्ध हैं जो अब तक हम समझते थे कि सिर्फ़ अंग्रेज़ी के पास हैं। गूगल पर जाएं, वहां रोमन की-बोर्ड से सीधे हिन्दी में टाइप करें। दुनिया के किसी भी छोर पर मेल खुलेगी तो अपनी जगमगाती देवनागरी लिपि में खुलेगी। ऐसे सॉफ्टवेयर आ चुके हैं जिनसे उस पत्र को भारत की किसी भी महत्वपूर्ण

लिपि में पढ़ा जा सकता है। भारत की सारी भाषाएं राजनीति और क्षेत्रीयतावाद के प्रपंचों में आकर भले ही लड़ने लगती हों पर कम्प्यूटर के मंच पर प्रेम से खिलखिला रही हैं। हिन्दी पूरे विश्व में फैल रही है।

—फिर का भयौ?

—सभापति महोदय बोले, लैट्स मूव फ़ॉर लंच।

16 सितम्बर 2009

हिन्दी के शुतुरमुर्ग और चतुर मुर्ग

—चौं रे चम्पू! का चल रह्यौ ऐ इन दिनन?

—रमज़ान का महीना खत्म हुआ, चांद की नूरानियों से मुहब्बतें जगमगा उठीं, ईद का गले-मिलन हो चुका। इन दिनों नवरात्र के समारोह चल रहे हैं, रामलीलाएं चल रही हैं। दशहरा पर रावण के मरने का इंतज़ार है। हां, ...और चल रहा है हिन्दी पखवाड़ा।

—हिन्दी पखवाड़े में भासान कौ गले-मिलन है रह्यौ ऐ कै अंग्रेजी की ताड़का के मरिबै कौ इंतजार?

—क्या बात कह दी चचा! मैं तो गले-मिलन सम्प्रदाय का हूं। हिन्दी की भलाई इसी में है कि भारत की विभिन्न भाषाएं उससे गले मिलें। अपने-अपने भावों और अनुभावों का आदान-प्रदान करके अभावों के घावों को भरें। हिन्दी को अपनी सहोदरा और सहेली भाषाओं से ईदी मिले। और चचा, अंग्रेज़ी की ताड़का रावण की तरह कभी मर नहीं सकती। उसे ताड़का कहना भी ग़लत है अब। पूरा विश्व उसकी ओर

ताड़ रहा है और वह ताड़ की तरह ऊंची होती जा रही है। भारत में उस ताड़ पर लटके हिन्दी के नारियल धरती पर हरी घास की तरह फैलती अपनी भाषा के विस्तार को देखते हुए भी अनदेखा करते हैं। वे मानने को तैयार नहीं हैं कि हिन्दी को आज पूरी दुनिया से ईदी मिल रही है। हिन्दी के अख़बार देश में सबसे ज़्यादा पढ़े जाते हैं। हिन्दी फिल्मों और टेलिविज़न धारावाहिकों ने अपनी पहुंच न केवल देश में बल्कि विदेशों तक में बढ़ा ली है। बोलने वाले लोगों की संख्या की दृष्टि से हिन्दी अगर नम्बर एक पर नहीं है तो नम्बर दो पर तो अवश्य है। अंग्रेज़ी के ताड़ पर चढ़े लोगों को हिन्दी के विस्तार के आंकड़े पसन्द नहीं आते।

—कौन लोग ऐं जिनैं पसन्द नायं आमैं?

—चचा क्या बताएं? दोस्त लोग ही हैं। जैसे मैं अड़ जाता हूं, वैसे वे भी अड़े हुए हैं। वे पूर्ण यथार्थ से आंखें मूंदकर अपने अनुमानों और खंड-यथार्थ पर आधारित आंकड़े पेश करते हैं। जिस देश का जनतंत्र अस्सी प्रतिशत हिन्दी बोलने-समझने वालों पर टिका है उसे पांच प्रतिशत अंग्रेज़ी बोलने वाले चला रहे हैं। माना कि अंग्रेज़ी बड़ी समृद्ध भाषा है। अंतरराष्ट्रीय स्तर पर उसका प्रभाव है। वह चीन, जापान, रूस जैसे देशों द्वारा भी अपनाई जा रही है, जिन्होंने अपनी भाषा में ज्ञानोत्पादन और उच्चस्तरीय शिक्षा-साहित्य का न केवल प्रबंध कर लिया था, बल्कि उसके ज़रिए उपलब्धियां पाकर भी दिखा दी थीं। चचा, आज हिन्दी भी बढ़ रही है और अंग्रेज़ी भी। हिन्दी को मुहब्बत की ईदी मिल

रही है और अंग्रेज़ी को औपनिवेशिक लंका की स्वर्ण मुद्राएं। अंग्रेज़ी पैसा कमा कर दे रही है और हिन्दी मुहब्बत। ज़ाहिर है कि दोनों की अपनी-अपनी ताक़त हैं। मुहब्बत हार भी सकती है और पैसे को हरा भी सकती है।

—मुहब्बत कभी नायं हार सकै लल्ला। मुहब्बत के रस्ता में कौन आड़े आय रए ऐं जे बता?

—ज़्यादा नहीं बहुत थोड़े लोग हैं। लेकिन जब वे बात करते हैं तो उसमें दम नज़र आता है। ऐसे लोग जाने तो हिन्दी के कारण जाते हैं, लेकिन अपनी धाक अंग्रेज़ी के कारण जमाते हैं। अंग्रेज़ी का हौआ दिखाकर घनघोर निराशावादी बात करते हैं कि हिन्दी सिर्फ ग़रीबों-गुलामों की भाषा बनकर रह जाएगी। उनके सामने अगर कह दो कि हिन्दी फैल रही है तो उनके चेहरे फूल जाते हैं। वे हिन्दी अख़बारों, हिन्दी चैनलों से ही उदरपूर्ति करते हैं पर इधरपूर्ति करने के बजाय उधरपूर्ति करते हैं। ऐसे ही एक अंतरंग मित्र का कहना है कि हिन्दी वालों की हालत शुतुरमुर्ग जैसी है जो ख़तरा देखकर अपनी गर्दन रेत में घुसा देता है।

—तैनैं का जवाब दियौ?

—मैंने कहा दोस्त-प्रवर! हिन्दी में चतुर मुर्ग भी बढ़ते जा रहे हैं, जो हिन्दी के शुतुरमुर्ग की चोंच को रेत से निकालने में लगे हुए हैं। उसे बता रहे हैं कि अंग्रेज़ी हमला नहीं कर रही है शुतुरमुर्ग, सहयोग दे रही है। हिन्दी के शब्दकोश को निरंतर शब्द प्रदान कर रही है। अभी तक अंग्रेज़ी ने भाषाई मुर्ग़ों को लड़ाया है। अब वक्त आया है कि हम मुर्ग़े अपनी

कलंगी ऊपर करके शुतुरमुर्ग को दिखाएं और उसे बताएं कि तू पक्षियों में सबसे बड़ी प्रजाति का है। तेरी गर्दन और पैर सबसे लंबे हैं। तू वृहत है और आवश्यकता पड़ने पर बहत्तर किमी प्रति घंटे की गति से भाग सकता है जो इस पृथ्वी पर पाये जाने वाले किसी भी अन्य पक्षी से अधिक है।

—और कोई फंडा?

—शुतुरमुर्ग से मिलता है सबसे बड़ा अंडा।

23 सितम्बर 2009

उत्तर-कांड से पहले लंका के प्रश्न-कांड

—चौं रे चम्पू! रावण मर गयौ, लंका-कांड समाप्त भयौ, उत्तर-कांड के पाठ चल रए ऐं, तेरे मन की रामलीला में का चल रयौ ऐ, जे बता?

—चचा राम की गाथाएं कितने ही कवियों ने लिखीं। अपने युग और समाज की ज़रूरतों के हिसाब से कहानी में फेरबदल कर लिया। भवभूति का उत्तररामचरितम तो करुणा का सबसे बड़ा ग्रंथ माना जाता है। लंका-कांड का करुण रस प्राय: सभी ने यूं ही निपटा दिया।

—का मतलब?

—मतलब ये कि युद्ध की विभीषिका के बाद किसी भी व्यवस्था में जो संकट आते हैं, उन्हें कोई विभीषण तत्काल ठीक नहीं कर सकता। मंदोदरी का विलाप, रावण के लिए कम, युद्ध के बाद आई मंदी के लिए अधिक रहा होगा। जब राम के बाण ने रावण की नाभि के अमृत-कुंड को सोख लिया, यानी उसका सारा गोला-बारूद उड़ा दिया, तब रावण के सिर एक-

एक करके मंदोदरी के सामने गिरने लगे। लोकाचार के नाते मंदोदरी ने विलाप तो किया, छाती पीटी। ये भी कहा कि 'शेष कमट सहि सकहिं न भारा, सो तनु भूमि परेउ भरि छारा', यानी शेष और कच्छप भी जिसका भार नहीं सह सकते थे वही तुम्हारा शरीर धूल से भरा हुआ पृथ्वी पर पड़ा है। तुमने यमराज को जीता है, वरुण, कुबेर, इन्द्र और वायु इनमें से कोई तुम्हारे सामने नहीं टिका और आज तुम्हारी भुजाओं को गीदड़ खा रहे हैं। तुम्हारे पुत्र और कुटम्बियों ने अपना पेट काट कर तुम्हारी ताकत बढ़ाई, पर हे नाथ! तुम खुद अनाथ हो गए।

—चम्पू! हर विधवा विलाप करै है, पर जिंदगी भर नायं करौ करै।

—वही, तुमने मेरे मुंह की बात छीन ली। विलाप करते-करते मंदोदरी ने एक यथार्थवादी दोहा खुलकर गाया, सबके सामने। वो सुन लो।

—सुना दे।

—'भलौ भयौ पिउ मर गए, इन बच्चन के भाग, दस हजार रोटी बचीं, पोखर भर के साग।' रावण का एक-एक मुंह हज़ार-हज़ार रोटी खाता था। तालाब भर के सब्जियां बनती थीं। लंका की स्वर्ण-मुद्राएं रावण के कार, कारनामों और अहंकार पर खर्च होती थीं। प्रक्षेपास्त्रों पर आधे से अधिक कोष जाता था। रावण के वंशज और अधीनस्थ भूखों मरते थे। मंदोदरी के सामने चुनौती यह थी कि सोने की लंका तो गई, अब कैसे बचे उसके 'होने' की लंका। हर महायुद्ध के

बाद 'होने' का अस्तित्ववादी संकट आता है। मैं हूं कि नहीं हूं। त्रास की जगह संत्रास आ घेरता है।

—त्रास और संत्रास में का फरक ऐ रे?

—त्रास का कारण पता होता है चचा! संत्रास के कारण लुप्त हो जाते हैं। मंदी की विभीषिका मंदोदरी और विभीषण तो समझ सकते हैं, लेकिन लंकावासियों की समझ में नहीं आ सकते।

—तोय लंका ते का मतलब, तू तौ अयोध्या की बात कर।

—मेरा मन तो लंका में ही अटका हुआ है।

—चल, तौ लंका की ई बता?

—चचा, रावण-वध के बाद, सबको मालूम है कि मंदोदरी ने राम के गुण गाए। सेनाएं सरैंडर कर देती हैं। अप्रत्याशित वाणी बोलती हैं। मंदोदरी ने कहा कि यह सब मेरे पति के अहंकार का परिणाम था। कितना अच्छा हुआ कि उसे आपके हाथों मोक्ष मिला। यह मोक्ष बड़ा परोक्ष होता है चचा. मंदोदरी की अमंद-बुद्धि को मंदी की विभीषिका से लड़ना था। महंगाई, मुद्रा-स्फीति, राजनैतिक उथल-पुथल, पानी-बिजली का संकट, सब देखना था। मुद्रा कोष बढ़ाना था। विभीषण तो राम के पक्ष में थे। राम जी ने उनसे उल्टा काम करा दिया। उन्होंने विभीषण से कहा कि तुम्हारे कोष में जितनी मुद्राएं और स्वर्ण आभूषण हैं, पुष्पक विमान में चढ़ाकर जनता के ऊपर बरसा दो। विभीषण ने ऐसा ही किया। वे आभूषण लंका की जनता ने कम, बन्दर-भालूओं ने ज़्यादा लूटे। सारी सम्पत्ति नीचे गिरा देने के बाद

विभीषण ने पुष्पक-चालक से कहा, वत्स अब अगला कार्य यह है कि भगवान राम को मां जानकी सहित अयोध्या ले जाना है। पॉयलट ने लंका के रनवे पर पुष्पक उतार कर विभीषण से कहा महाराज उड़ान रद्द कर दीजिए, हम स्ट्राइक पर हैं। सब कुछ लुटा दिया आपने, हमारे लिए कुछ न छोड़ा। तो, लंका कांड से उत्तर कांड में जाने के बीच में प्रश्न-कांड आ गया चचा, पुष्पक पॉयलटों की हड़ताल चल रही है।

—राम जी कोई न कोई रस्ता निकाल लिंगे चम्पू।

30 सितम्बर 2009

अर्धांगिनी, पूर्णांगिनी और करवा-चौथ

—चौं रे चम्पू! भोर नायं भई, और तैनैं मोय जगाय दियौ, का कलेस ऐ रे?

—एक टैक्नीकल डिफीकल्टी आ गई है चचा, सो चला आया। आज करवा-चौथ है। घर में पत्नी सरगी की तैयारी कर रही है। ये सरगी-कांड पहले हमारे घरों में नहीं होता था, लेकिन संस्कृतियां संस्कृतियों में मिलने लगी हैं तो अड़ौस-पड़ौस के रीति-रिवाज भी प्रभावित करते हैं। करवा-चौथ के दिन घर की सुहागिन महिलाएं सूरज उगने से पहले, तारों की छांव में, सरगी-आहार प्राप्त करती हैं, फिर रात में करक-कथा सुनने के बाद, छलनी के ज़रिए चंदा देखकर ही अन्न-जल ग्रहण करती हैं। वे बीच में कुछ खा पी नहीं सकतीं।

—तौ जामैं टैक्नीकल डिफीकल्टी का भई?

—चचा बत्तीस साल से मैं भी करवा-चौथ का व्रत रखता आ रहा हूं। यह सोचकर कि पत्नी अगर पति के लिए व्रत रखती है तो पति को भी पत्नी के लिए व्रत रखना चाहिए। हमारे

शास्त्र-पुराणों ने पतियों के लिए तो कोई घड़ा-पंचमी बनाई नहीं। मेरी देखा-देखी बहुत से पति करवा-चौथ का व्रत रखने लगे। बड़ा अच्छा लगा जब 'बागबां' फिल्म में अमिताभ बच्चन के चरित्र ने भी करवा-चौथ का व्रत रखा।

—ठीक ऐ, ठीक ऐ! टैक्नीकल डिफीकल्टी बता।

—पिछले साल से मेरी हो गई हैं दो पत्नियां। एक के लिए व्रत रखना चाहता हूं, दूसरी कहती है कि अगर जीवित रहना है तो तू व्रत नहीं रख सकता।

—अरे महापातकी! दूसरौ ब्याह कब कर लियौ रे?

—वह तो मुझे भी पता नहीं चला। डॉक्टरों ने बताया कि मुझे डायबिटीज़ हो गई है। इसमें ज्यादा खाना या बिल्कुल नहीं खाना, दोनों ही प्राणघातक हैं। न खाओ तो लो-शुगर, खाओ तो हाई। यही उलझन मुझे यहां खींच लाई। डायबिटीज़ मेरी दूसरी पत्नी है।

—पत्नी कैसे भई रे?

—डायबिटीज़, यानी मधुमेह, आपको पहले भी एक बार बताया था कि एक पतिव्रता, पारंपरिक, पौराणिक पत्नी है। सामान्य पत्नी तो अर्धांगिनी कहलाती है, लेकिन यह होती है पूर्णांगिनी। आपके सम्पूर्ण शरीर पर इसका अधिकार होता है। पौराणिक इसलिए बताया कि यह आपके साथ ही सती होती है। आपके जाने के पहले जा नहीं सकती। पत्नी के साथ कुछ दिन की मधुयामिनी होती है, लेकिन यह तो ताउम्र मधु का मेह है। पारंपरिक पत्नी चरणों में पड़ी रहती है न, यह

बीमारी भी चरणों से प्रकट होती है। और यह भी सुन लीजिए कि जैसे पत्नी को मैनेज किया जाता है, वैसे ही डायबिटीज़ को भी खान-पान से मैनेज करना पड़ता है। पत्नी खुश होती है यदि आप उसके साथ घूमने जाएं। डायबिटीज मुरझा जाती है यदि आप इसके साथ घूमने जाएं। अब ये बताइए कि पूर्णांगिनी की मानूं कि अर्धांगिनी की?

—हां तेरी समस्या तौ गंभीर ऐ रे! जे बता कै तू अर्धांगिनी कूं चाहै कै पूर्णांगिनी कूं?

—पूर्णांगिनी को कैसे चाह सकता हूं चचा? पूर्णांगिनी ने घेर लिया तो मेरा वजूद ही क्या रह जाएगा? ज़ीरो! जबकि मेरी अर्धांगिनी ने बनाया मुझे हीरो। पूर्णांगिनी से तो मुक्ति चाहिए ही चाहिए। अब बताओ व्रत रखूं कि नहीं?

—अपने हिस्सा की सरगी निकाल, वाके चार टुकडा कर, और चार-चार घंटा बाद खा। ना लो सुगर होयगी न हाई। न खायौ तौ सरीर छलनी है जायगौ तेरौ। वा में ते कोई चंदा नायं दिखैगौ फिर। अच्छा, जे बता, सेहत की मंजिल तक कौन सौ वाहन पहुंचाय सकै?

—स्वास्थ्य की मंज़िल तक किसी भी वाहन से नहीं पहुंचा जा सकता चचा! आप वहां सिर्फ पैदल पहुंच सकते हैं। जितना चलेंगे, उतना स्वास्थ्य के नजदीक पहुंचेंगे। टहल-टहल के टहल के पहुंचो, टहल-टहल के टहलने में ही समझदारी है। चचा, अगर कोई कहे कि अस्वस्थ है और आप पूछें कि किधर से अस्वस्थ हैं, तो वह अपने दिल-दिमाग, यकृत,

तिल्ली, पेट की झिल्ली का कोई भी रोग बता देगा, लेकिन अगर कोई कहे कि मैं स्वस्थ हूं और आप पूछें कि किधर से स्वस्थ हैं, तो शायद वह तत्काल कोई उत्तर न दे। स्वास्थ्य किसी एक अंग में नहीं, बल्कि सम्पूर्णता में होता है। करवा-चौथ के दिन पति-पत्नी एक-दूसरे के स्वास्थ्य को सम्पूर्णता में ठीक करने का व्रत लें। प्यारे लाल! बुरी होती है बीमारी की सौत! रोग है तो इलाज करवा, नहीं तो चौथा-उठाला हो जाएगा, धरी रह जाएगी करवा-चौथ।

—जा चम्पू जा! भोर हैबे वारी ऐ, सरगी खा।

7 अक्तूबर 2009

दास की अरदास और हैरानियां

—चौं रे चम्पू! तेरे दिमाग में जा बखत का ऐ?

—चचा मेरे दिमाग में इस समय एक तो मेरी रानी है और दूसरी हैरानी है। रानी कहती है कि तू भटकता बहुत है क्योंकि हैरानी तुझे भटकाती रहती है।

—तू खुद कूं राजा समझै का?

—नहीं, दासानुदास! पर चचा, दास की भी अरदास होती है। तरह-तरह की हैरानियों से जो प्रभाव मुझ पर पड़ते हैं उन्हें रानी रिजैक्ट कर देती है। रानी कहती है कि पुरस्कार ले। वह चाहती है कि संसार का बड़े से बड़ा पुरस्कार मुझे मिल जाए, और मैं हूं कि अकस्मात पुरस्कार देने वाली अनेक समितियों का सदस्य बन गया। अब आप तो जानते हैं कि समिति के सदस्यों को तो पुरस्कार मिला नहीं करते। वो ये नहीं समझती कि समिति का सदस्य बनना भी तो एक पुरस्कार है। मेरी रानी और मेरी हैरानी दोनों में निरंतर तकरार होती रहती है।

—समझ जाएगी। तेरी रानी ऐ जानूं मैं। अब तू जे बता कै कित्ते तरह की हैरानी ऐं तेरे पास?

—चचा एक हैरानी तो इस बात से उठती है कि पुरस्कार से मिलने वाला नाम बड़ा है या उससे मिलने वाली बदनामी। बचपन में डॉक्टर हरिवंश राय बच्चन की एक कविता सुनी थी। उसका भाव है— एक थे ईर, एक थे बीर, एक थे फत्ते और एक थे हम। ईर, बीर, फत्ते तीनों ने सोचा कि कविता लिखें, तो हमने सोचा कि चलो भई हम भी कविता लिखें। सबने कविताएं लिखीं। ईर, बीर, फत्ते ने तय किया कि इनाम लें, तो हमने सोचा कि चलो भई, हम भी इनाम लें। अब आगे सुनना चचा, कविता का अंत मज़ेदार है। ईर को मिला ईर इनाम, बीर को मिला बीर इनाम, फत्ते को मिले तीन इनाम, पर हमको मिली बदनामी और दुश्मनों की दुआ, कि सबसे ज्यादा नाम हमारा ही हुआ।

—वा जी वा! बच्चन जी के का कहने! अपनी अगली हैरानी बता।

—अगली हैरानी ये है चचा कि पुरस्कार मिलता है या लिया जाता है? ओबामा को पुरस्कार मिला । अगर वह सच बता रहा है कि उसे अड़तालीस घंटे पहले ही मालूम पड़ा था। उसे भी सुनकर बड़ी हैरानी हुई थी, तो ये है न हैरानी की बात? उसके समर्थन और पक्ष में खूब चर्चाएं चल रही हैं। बेरूत के एक अख़बार ने जो बात कही, वह बेरूट की बात नहीं है।

—बेरूत तौ सुनौ ऐ, बेरूट ते का मतलब?

—बेरूट माने बिना जड़-मूल की बात। अख़बार कहता है कि

नोबल प्राइज़ की समिति के सदस्यों ने यह नहीं सोचा कि इन नौ महीनों के अपने कार्यकाल में अभी तो मिडिल-ईस्ट के मामले में शांति वार्ताओं के परिणाम नहीं आए, अभी तो परमाणु निरस्त्रीकरण को लेकर मुस्लिम–जगत के साथ तस्वीर साफ़ नहीं हुई, पुरस्कार के लिए मैदान साफ़ कैसे हो गया? नोबल पुरस्कार उसको मिलना चाहिए जिसने सचमुच कुछ उपलब्ध किया हो, उसे नहीं मिलना चाहिए जो पुरस्कार को उपलब्ध करना चाहता है। उनके हिसाब से ओबामा को शांति के लिए मिलने वाला नोबल पुरस्कार प्री-मैच्योर है।

—काम दिखाइबे के तांईं का नब्भै साल चइऐं? एक चावल देखि कै बोरा कौ अन्दाजौ नायं कर सकैं का?

—हां! नौ महीने हो गए। प्री-मैच्योर कहां रहा? मनुष्य और मनुष्यता को जन्म लेने के लिए नौ महीने से ज्यादा समय थोड़े ही चाहिए। नोबल में नौ का बल।

—हट्ट्ट! अगली हैरानी बता।

—अगली हैरानी ये है कि नोबल पुरस्कारों की घोषणा से पहले तक बाहर की दुनिया में समिति के सदस्यों को छोड़कर किसी को पता नहीं चल पाता है कि किस-किस को मिल रहे हैं। हमारे यहां तो अंतिम निर्णय से पहले ही अख़बार छाप देते हैं कि अमुक पुरस्कार अमुक को मिल रहा है। और मान लो कि कोई से तमुक जी तमक जाएं और अंतिम निर्णय बदल जाए, तो नाम रहता है न इनाम, बचती है बदनामी। हमारे यहां जूरी का प्रत्येक सदस्य समिति की बैठक के बाद

सबसे पहले उस आदमी को फोन मिलाता है जिसका नाम उसने या किसी अन्य ने पुरस्कार के लिये प्रस्तावित किया होता है। देख ले पट्ठे, मैंने दिलाया है। फिर अगली हैरानी ये कि अरे, अभी तो अंतिम निर्णय नहीं हुआ, अख़बार में कैसे छप गया?

—चम्पू! हैरानी छोड़! रानी की बात मान। समिति में कछू नायं धरौ, अपनी सुमति बचाए रख।

14 अक्तूबर 2009

ट्रैक्टर शाह द्वारा कुचली हुई ग़रीबी

—चौं रे चम्पू! मिठाई की जगै नमकीन दै गयौ, तोय सरम नायं आई?

—तुमने सुना नहीं चचा, अधिकांश मिठाइयां सिंथैटिक दूध और सिंथैटिक खोये से बनाई जा रही हैं? बगीची पर रह कर जो सेहत आपने बनाई है उसे बिगाड़ने का मुझे कोई अधिकार नहीं। मावे में गैया मां का दूध नहीं है। उसमें है पाउडर, सूजी, मैदा, वनस्पति या चर्बी वाले तेल, और तो और ब्लॉटिंग पेपर भी। मावे की मिठाइयां चार-पांच दिन में खराब हो जाती हैं। नमकीन चलेगी महीने भर।

—नमकीन कौन से तेल में तली ऐ, जाकौ ज्ञान है तोय? मिलावट तौ नए जमाने कौ उपहार ऐ, दूध की नदियन के देस में दूध-दही कौ अकाल! कमाल है गयौ भइया।

—चचा पिछले दिनों एक रेल यात्रा में कवि उदय प्रताप सिंह जी ने दूध की कमी के दो दिलचस्प कारण बताए। पहला ट्रैक्टर और दूसरा फर्टिलाइजर।

—सो कैसै भैया?

—देखिए खेती-बाड़ी का सारा काम बैलों के भरोसे होता था। जुताई, बुवाई, बिनाई, बरसाई, सिंचाई और अनाज की सप्लाई, सारा काम बैल करते थे। हल, रहट और गाड़ी, बैल रहते थे इनके अगाड़ी। घर में गैया न हो तो बैल कहां से आएं? ट्रैक्टर ने बैल, गैया और बछिया की ज़रूरत ख़त्म कर दी। इन्हीं से मिलता था खाद के रूप में गोबर, उसकी जगह आ गए यूरिया जैसे फर्टिलाइजर। हमारे देश में गोवध को पाप भी माना जाता है। सो लोगों ने पालना ही बन्द कर दिया। अब दूध के लिये निहारो, सिंथैटिक पाउडर की तरफ और होने दो पुलिस-प्रशासन की नाक के नीचे धड़ल्ले से मिलावट का कारोबार।

—तेरे उदय प्रताप की बात में दम ऐ। लाला भगवान दीन नै गैया पै एक कवित्त लिखौ ओ। हमेसा अपनी सुनायौ करै, आज हम तेऊ सुनि लै

थोरे घास पानी में अघानी रहै रैन दिन,
दूध, दही, माखन मलाई देत खाने को।
पूतन तें खेती करवाय देत अन्न-वस्त्र,
जाके धड़ चाम आंत गोबर ठिकाने को।
ऐसी उपकारी की कृतज्ञता बिसारि अब,
भारत निवासी मारे फिरें दाने-दाने को।

यानी समस्या सौ साल पहले भी थी, लेकिन तब तक ट्रैक्टर, फर्टिलाइजर नहीं आए थे। अब के 'भारत निवासी' उपभोक्ता में बदल गए हैं चचा। बाज़ार की चीजें ज़रूरतों को

व्यर्थ ही बढ़ा रही हैं। पहले दीपावली-दूज पर खांड-बताशे बांटे जाते थे। ज्यादा हुआ तो बेसन-बूंदी के लड्डू! अब देखिए, एक से एक फ़ैंसी मिठाई बाज़ार में आई। मिलावटी हवा-पानी के सेवन से हम हर प्रकार की मिलावट को पचाने में समर्थ होते जा रहे हैं। माना कि दवाइयां आदमी की उम्र बढ़ा रही हैं, पर साथ में मिलावट का ज़हर भी पिला रही हैं। लाला भगवान दीन होते तो देखते कि भगवान की कृपा से भारत में लाला भी बढ़े हैं और दीन भी। एक अरब सत्रह करोड़ की आबादी वाले देश में लगभग दो तिहाई लोग गांव में रहते हैं और गावों में घुसता जा रहा है शहर। शहर हमारे ग्रामीण-जन को उपभोक्ता में तब्दील कर रहा है। दांतुन, रीठा, मुल्तानी मिट्टी और रेह के दिन अब लद गए। अब वहां टूथपेस्ट, शैम्पू, डिटर्जेंट और कॉस्मैटिक्स पहुंच चुके हैं, क्योंकि इनसे पहले पहुंच चुका था टी.वी.। राष्ट्रीय और अंतरराष्ट्रीय व्यापारियों के लिए धंधे का भविष्य गावों में ही है। शहर के उपभोक्ता अपनी ज़रूरतों की चीज़ें कर्ज़ ले लेकर खरीद चुके हैं। अब दुपहिए, चौपहिए, गांवों की मांग बन रहे हैं। गांवों में कारों की खरीदारी में दस प्रतिशत का इज़ाफा हुआ है। महिन्द्रा स्कोर्पिओ पहले बीस प्रतिशत जाती थी, अब पैंसठ प्रतिशत। मोबाइल इस्तेमाल करने वाले दस करोड़ लोग गांवों में रहते हैं। गांवों में गाय नहीं मिलती तो क्या, पॉप गायन मिलने लगा है। गांव हो या शहर, अमीरी जी भर कर नाच रही है और गरीबी ट्रैक्टर शाह के द्वारा कुचली हुई हालत में खेत की मेंड़ पर पड़ी है। एक ओर उपभोक्ता के सामने मिलावटी माल का शानदार पोषण है तो

दूसरी ओर अन्न का अभाव और कुपोषण है। आज भारत का उपभोक्ता-बाज़ार विश्व में बारहवां स्थान रखता है, बाज़ार के ग्लोबल गुरु कहते हैं कि यह दो हज़ार पच्चीस तक नम्बर वन के आस-पास आ जाएगा।

—आंकड़े दिखाय कै डरा मती! मोय तौ अपनी गैया की सानी कन्नी ऐ और पानी दैनौ ऐ। खालिस दूध की खीर खाइबे आ जइयो, मोय नमकीन खाय कै गमगीन नायं हौनौ।

21 अक्तूबर 2009

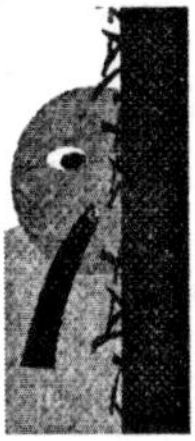

जैसे उनके दिन फिरे

—चौं रे चम्पू! कहीं जाइबे कौ मन ऐ, कहां जायं? तू चलैगौ मेरे संग?

—एक साथ दो सवाल कर दिए, चचा। जवाब में दो सवाल सुन लीजिए। पहला यह कि किस उद्देश्य से जाना चाहते हैं और दूसरा यह कि वहां मेरे साथ की क्या ज़रूरत है?

—देस की भलाई के ताईं कहीं भी.... और तू रहैगौ मेरौ सलाहकार।

—ठीक है, समझ गया चचा! दूर जाने की ज़रूरत नहीं है, पड़ोस के किसी गांव की दलित बस्ती की कोई झोंपड़ी ढूंढ लीजिए, वहां अपनी बगीची की कुछ सब्जियां और गैया के घी का एक डिब्बा लेकर पहुंच जाइए। अपने आपको उनका दूर का रिश्तेदार बताइए। सामान देखते ही वे आपको बहुत निकट का समझेंगे। परिवार के नौजवानों और बहू-बेटियों की दुख-तकलीफ

सुनिए। मौसम अच्छा है, न एसी की ज़रूरत है न हीटर की। वहां रह कर गरीबी को समझने की कोशिश कीजिए।

—जे का बात भई? हम गरीबी के सबते करीबी रिस्तेदार ऐं। हम का गरीबी ऐ जानैं नाऐं?

—चचा पूरी बात तो सुनो। आप गरीबी को अच्छी तरह जानते हैं, पर गरीब अपनी गरीबी को नहीं जानता। आपको उसके लिए निदान सोचने हैं। गरीब को अपने श्रम का प्रतिदान नहीं मिलता। कुछ कृपानिधान क़िस्म के लोग कभी कभी दान दे देते हैं और सरकार अनुदान दे देती है। स्थाई कल्याण फिर भी नहीं हो पाता। मेरी योजना है कि किसी तरह श्री राहुल गांधी को उस झोंपड़ी तक लाया जाए। वे इन दिनों दलितों के घर जाकर पूरे मन से गरीबी को समझने की कोशिश कर रहे हैं।

—विचार नेक ऐ, तू चलैगौ मेरे संग?

—ना, ना चचा। लोग मुझे पहचानते हैं। मेरी काया का शहरीकरण हो चुका है। आप गरीबी में नहाए-धोए लगते हैं। मैं नहीं जाऊंगा, मोबाइल पर आपके साथ रहूंगा। राहुल जी को वहां लाने का काम मेरा है।

—आगे बता।

—जब वे दलित की उस झोंपड़ी में आ जाएं तो वहां सत्यनारायण भगवान की कथा कराइए। कथा में

लीलावती-कलावती की गरीबी की व्यथा बताइए। कथा के बीच में जब-जब सत्यनारायण की जय बोली जाय तब-तब कहिए कि आज इस कुटिया में राहुल भैया खुद सत्यनारायण दरिद्रनारायण बनकर आ गए। अब लीलावती-कलावती के पूरे परिवार के दिन फिरेंगे। बीच-बीच में कीर्तन भी कराते रहना।

—कौन सौ कीर्तन?

—कीर्तन भी बना दूंगा। राहुल भइया बड़े कृपालु हैं। जहां ठहरते हैं उसके आस-पास कोई कारखाना या पावर-प्लांट लगवा देते हैं। हालांकि ये बात वे जानते हैं और उनके पिताजी भी कहते थे कि केन्द्र से सौ पैसे भेजे जाते हैं, लेकिन विकास के लिए पन्द्रह पैसे ही पहुंच पाते हैं। चचा, आज भी पिच्चासी, नब्भै या पिचानवै पैसे भ्रष्टाचार की भेंट चढ़ रहे हैं। घाट-घाट का पानी पिए घुटे हुए घोटालेबाज़ जब विकास के नए घाट पर ऐय्याशी करते दिखाई देते हैं, बेशर्म रंगरेलियां मनाते दिखाई देते हैं, तो वहां फनफनाते हुए आ जाते हैं नक्सलवादी। असल समस्या घाट-घाट के इन घुटे घोटालुओं की है। आपका काम होगा इलाके के घोटालुओं का उन्हें सही-सही ब्यौरा देना। आप झोंपड़ी में उनके साथ होंगे, बातचीत का पूरा मौका मिलेगा। सारे रहस्य उनके कान में बताना। क्योंकि जिन लोगों के साथ वे आएंगे, उनमें से एक-दो सफेद खादी का खोल पहने हुए घोटालू भी हो सकते हैं। यों राहुल भैया

को अच्छे बुरे की गहरी पहचान है पर हर घुटा हुआ घोटालू तिकड़मबाज़ी में महान है। कुछ तो रेलिंग के बाहर माला लेकर खड़े होंगे। आप उस झोंपड़ी के मुखिया के तौर पर उन्हें सारी पोलपट्टी बता देना। बताना कि गरीब इसीलिए पिचा हुआ है, क्योंकि पिचासी-पिचानवै प्रतिशत पचाने वाले उस झोंपड़ी से बहुत दूर नहीं हैं। जो बताना, आत्मविश्वास के साथ बताना। लीलावती-कलावती के व्यापक परिवार की परम व्यापक ग़रीबी का वस्तुवादी ब्यौरा देना। वे अपने सचिव को निर्देश देंगे कि लीलावती-कलावती इलाके को केन्द्र से विकास का कौन सा पैकेज दिलवाना है। मौका देखकर उस परमानेंट डायलॉग से कथा खत्म करा देना।

—कौन सौ डायलौग?

—जैसे इनके दिन फिरे, वैसे हर किसी के फिरें।

28 अक्टूबर 2009

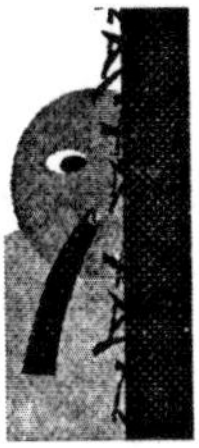

आग का अपना पराया क्या

—चौं रे चम्पू! आग किते तरियां की होय?

—आग तो आग है, एक तरह की होती है। अपना पराया देखती नहीं! जो लपट की लपेट में आ जाय, उसे लील जाती है। ऋग्वेद का जो पहला मंत्र है, उसमें अग्नि की ही स्तुति की गई -'अग्निमीले पुरोहितं यज्ञस्य देवमृत्विजम्'। अग्नि सब कुछ भस्म न कर दे, इसीलिए हवन-यज्ञ करके उसकी पूजा की जाती है। चचा, है न दिलचस्प, अग्नि द्वारा ही अग्नि की वंदना होती है।

—समझा कै बता!

—एक आग न लगे उसके लिए चाहिए उससे बड़ी आग। जयपुर के डिपो में जो आग लगी है, वह न लगती अगर वहां के लोगों में कर्तव्यनिष्ठा और ईमानदारी की आग होती। हज़ार पांच सौ करोड़ का तेल फुंक जाएगा, उसकी राक्षसी राख और रावणी रासायनिकों से वर्षों तक दृश्य और अदृश्य किस्म के नुक़सान होते रहेंगे। चचा ये आग न लगती, अगर

काम के प्रति ईमानदारी की आग न बुझी होती। बताइए, क्यों किसी टैंक का ढक्कन खुला रह गया? क्यों एक ऑपरेटर ने गलत वॉल्व खोल दिया? एक नंबर की जगह तीन नंबर का वॉल्व खोलने की वजह क्या थी? फिर कैसे कोई चिंगारी वहां पहुंची? चलो चिंगारी अपने आप पहुंच भी गई, फिर देखने के बावजूद तीन घंटे तक उसे क्यों नहीं बुझाया गया? दरअसल आग लगने से पहले हवसजन्य लापरवाही वहां पहुंच चुकी थी। इस डिपो से करोड़ों का तेल चोरी होता आ रहा था। चोर जब किसी घर का ताला खोलते हैं तो चोरी के बाद लगा कर थोड़े ही जाते हैं। इस बात का खुलासा हो चुका है कि इंडियन ऑयल के इस डिपो से पैट्रोल और डीज़ल सीकर, भरतपुर, अजमेर, टोंक आदि ज़िलों में सप्लाई किया जाता था। लोग गिरफ्तार भी हुए। जो गिरफ्तार हुए उन्होंने मेहरबानी करके स्वीकार किया कि फकत अस्सी टैंकर माल सप्लाई किया गया था। पीछे-पीछे आई सीबीआई। उसने करोड़ों की हेराफेरी बताई। मुझे लगता है कि इस धरपकड़ से मिलीभगत की पाइप-लाइन लीक कर गई। बात लीक होने के बाद लोग खुद को बचाएंगे कि डिपो को? ढक्कन खुला रह गया खुला रहे, पर हमारे गुनाहों पर ढक्कन लगा रहे।

—तू तौ हर चीज पै सक करै! दुर्घटना ऊ तौ है सकै।

—हर दुर्घटना के पीछे होती है एक घटना, जिसे कहते हैं लापरवाही। लापरवाही मैं प्रथमाक्षर प्रमुख है यानी कि 'ला'। यह 'ला' नहीं चाहता दूसरों का भला। चचा, रावण को

जलता देखकर खूब आनंद आता था। मेला देखकर जब वापस आते थे तो अपनी कमीज़ पर राख के कण हुआ करते थे। नानी झाड़ देती थी, आंख नाक कान में न चले जाएं। रावण फुकफुका कर घंटे भर मैं ख़त्म हो जाता था। पर भ्रष्टाचार और लापरवाही के कारण ये जो आग लगी है डेढ़ सौ घंटे होने आए, बुझने का नाम नहीं ले रही। जयपुर के आसपास आकाश से राख के रूप मैं विष-वर्षा हो रही है! कार्बन मोनोऑक्साइड, सल्फर डाईऑक्साइड और नाइट्रोजन ऑक्साइड के ज़हरीले झोंके पर्यावरण में तांडव कर रहे हैं। असंख्य जीव-जंतु पशु-पक्षी स्वाहा हुए, कुछ सुलग रहे हैं, कुछ धीमी गति की मृत्यु को प्राप्त होंगे। आंख के डॉक्टर कह रहे हैं आंखें बेकार हो जाएंगी, कुछ कार्डियोलॉजिस्ट बताते हैं कि दिलों को झटके लगेंगे, कैंसर-विशेषज्ञों को व्यापक कैंसर का ख़तरा है। अभी क्या है, आगे-आगे देखना भविष्य में ये रासायनिक आग क्या-क्या गुल खिलाती है। चचा, आग कैसी भी हो भविष्य को राख में बदल देती है।

—कैसी भी आग ते का मतलब?

—इतिवृतक नामक बौद्ध-ग्रंथ के तीसरे निपात के पांचवें वर्ग में दावाग्नि से भी भयंकर तीन प्रकार की अग्नि बताई गई हैं— रागाग्नि, द्वेषाग्नि और मोहाग्नि। राग पैसे से! द्वेष इस कारण कि दूसरे को ज्यादा क्यों मिला!! मोह इस बात का कि और कितना पैसा बना लिया जाए!!! ये अग्नियां कभी बुझती नहीं है। चचा, ये सारी आग मिल कर एक बहुत बड़ी

आग को जन्म देती हैं। पूछो कौन सी आग?

—बता कौन सी?

—चचा वो है पेट की आग। जयपुर की आग तो चलो बुझा भी लोगे, देश भर में फैली पेट की आग बुझाओ तो जानें।

4 नवम्बर 2009

नहीं यह ठीक ठाकरे!

—एकता की जात्रा पै निकरौ तौ कौन सौ कदम उठानौ चइऐ?

—ऐसा कदम तो बिल्कुल नहीं उठाना चाहिए जैसा राम कदम ने उठाया।

—जानै अबू आज़मी पै हाथ उठायौ ओ?

—चचा, सारी ख़बर रखते हो, फिर भी पूछते हो! कितना दुर्भाग्यपूर्ण है कि मनसे के प्रवक्ता शिशिर पारकर ने कहा कि हिन्दी हमारी राष्ट्रभाषा नहीं है। ये लोग हैं चचा, अलगाववाद के मसीहा। इन्हें मातृभाषा, राष्ट्रभाषा, राजभाषा, संपर्क भाषा का फर्क नहीं मालूम। मराठी मानुस के लिए मराठी निश्चित रूप से मातृभाषा है। हर भारतवासी को अपने देश की सभी भाषाओं का सम्मान करना चाहिए। भारत की माटी पर जन्मा हर बालक मां की गोदी में जिस भाषा को सीखता है, वह उसकी मातृभाषा है और वह मां जिस मां की गोदी में

बैठी है वो है भारत मां। भारत मां की गोदी में इस देश की सारी माताएं हैं। हैं कि नहीं? उनके बच्चे जब अधिकारपूर्वक देश में कहीं भी जाते हैं तो संपर्क भाषा बनती है हिन्दी या अंग्रेज़ी। मज़े की बात ये है कि मनसे के विधायकों ने उस समय कोई विरोध नहीं किया जब शपथ अंग्रेज़ी में ली जा रही थी। राज ठाकरे राजनीति को अपनी 'राज'नीति बनाना चाहते हैं। पूरा देश इन विधायकों के धक्कों से धक्क सा रह गया है। क्षेत्रीयतावादी लोग हमारे देश की एकता की मज़बूत रस्सी को कमज़ोर करना चाहते हैं।

—तौ कछू सुनाय दै कबता मैं।

—एक कुण्डलिया सुनाता हूं चचा! कुण्डलिया छंद की खूबी यह होती है कि जिस शब्द या शब्द ध्वनियों से शुरू हो उसी से छंद समाप्त होता है।

—इती जानकारी मोय हतै, जादा हुसियारी मत छांट, तू सुनाय दै।

—ठीक-ठाक रेशे गुथें, रस्सी हो मजबूत,
पत्थर को भी रेत दे, ताकत बने अकूत।
ताकत बने अकूत, मगर हम लोग अभागे,
तार-तार कर लेते हैं, भाषा के धागे।
कह चम्पू, यह 'राज'नीति अलगाव ना करे,
रस्सी हो कमजोर, नहीं यह ठीक ठाकरे!

—वाह रे चम्पू! 'ठीक ठाक रेशा' ते 'ठीक ठाकरे' खूब निकारौ।

—चचा रमेश वंजाले, जिसने माइक्रोफोन तोड़ कर विधान सभा में अपना पहला हस्ताक्षर किया, वसंत गीते, शिशिर शिंदे और रामकदम ने जो कदम उठाया, उससे अपने लोगों के बीच ये हीरो तो अवश्य बन गए होंगे, अब इनको चाहिए कि मुंबई में जितने हीरो-हीरोइन हिन्दी बोल रहे हैं उन्हें बाध्य करें कि वे सब मराठी बोलने लगें। बताइए क्या ऐसा मुमकिन है? और अगर कल्पना करें कि ऐसा हो भी जाए तो मुंबई की हिन्दी फिल्म इंडस्ट्री से रोजी-रोटी कमाने वाला मराठी मानुस कहां जाएगा? आज़ादी की लड़ाई में हिन्दी ने प्रेम का धागा बनकर पूरे देश को एक सूत्र में पिरोया था। अंग्रेजों को हिन्दी और हिन्दुस्तानी के बल पर ही देश से खदेड़ा गया था। महाराष्ट्र के बहुत बड़े नेता लोकमान्य तिलक ने कहा था— 'सरलता और शीघ्र सीखी जाने योग्य भाषाओं में हिन्दी सर्वोपरि है। ...राष्ट्र के एकीकरण के लिए सर्वमान्य भाषा से अधिक बलशाली कोई तत्व नहीं। मेरे विचार में हिन्दी ही ऐसी भाषा है'। केशव चन्द्र सेन ने कहा था— 'हिन्दी को भारत की एक भाषा स्वीकार कर लिया जाए तो सहज में ही एकता सम्पन्न हो सकती है'। पर ये तो एकता के दुश्मन हैं चचा। अच्छा हुआ कि मनसे के इन चार विधायकों को चार साल के लिए निलंबित कर दिया। और कठोर से कठोर सज़ा मिलनी चाहिए थी। पर होगा उल्टा! देखना ये अलगाववादी मराठी मानुस को और अधिक विषाक्त करेंगे।

—उनैं छोड़, तू तौ एक कुण्डलिया और सुनाय दै।

—मन से यदि हम चाहते, देश रहे ख़ुशहाल,
मिलकर रहना सीख लें, सब भारत के लाल।
सब भारत के लाल, हमें प्रिय लगे मराठी,
क्यों बरसाएं सबकी प्रिय हिन्दी पर लाठी?
कह चम्पू, क्या मिल जाएगा इस अनबन से,
सीमाओं में रहे, मुम्बई की ये मनसे।

11 नवम्बर 2009

आत्मा राम की टें टें

—चौं रे चम्पू! तेरी हर हफ्ता की चम्पूगीरी कित्ती बार है चुकी अब ताईं?

—हमारा आपका मिलन लगभग दो साल से चल रहा है। हर हफ्ते बुध के दिन निन्यानवै बार चम्पूगीरी हुई है। अगले हफ़्ते शतक पूरा हो जाएगा। चचा, इस बीच पता नहीं कहां-कहां गया, भटका, भागा-दौड़ा। कहीं भी रहा, पर हर बुध को चम्पूगीरी और बगीचीबाज़ी के लिए ज़रूर आया। लोग समझते रहे कि निन्यानवै के फेर में है। चचा, तुम्हारे चम्पू के पीछे ही पड़ गए लोग। लेकिन तुम्हारा चम्पू भी चक्रधर वंश का है। निन्यानवै तक गाली सुन लेता है। शिशुओं का वध नहीं करता पर दुष्ट शिशुपालों को नहीं छोड़ता। बहुत सारे आत्माराम टें टें करने लगे हैं, अज्ञान के अंधकार से ज्ञान के तीर फेंकते हैं। चम्पू को समझ लिया है चम्पी करने वाला। अब हम-तुम तो हैं ब्रजवासी, बगीचीबाज लोग, वे हैं हिन्दी-वाटिका के रखवाले। वाटिकाओं में इन्हें आत्माएं मिला करती हैं।

—तेरी बात उलझी हुई सी हैं लल्ला।

—अरे चचा, सौ साल पहले महावीर प्रसाद द्विवेदी के ज़माने में भी टें टें काण्ड चला करते थे। किसी ने अपनी किताब का नाम 'प्रेम-बगीची' रख दिया। फिर तो पिल पड़े शुद्धतावादी लोग। ये भी कोई नाम है! 'प्रेम वाटिका' होना चाहिए। बगीची शब्द तो फारसी के बाग़ीचा से आया है। बड़े-बड़े बागी तेवर दिखाई दिए बगीची के मामले में। चचा, ये वाटिका के लोग बगीची से डरते हैं। बगीची में शरीर पर मिट्टी लगती है और वाटिका में रूमाल रख के बैंच पर आत्माओं को बुलाया जाता है। प्लैंचिट के सहारे। कैरमबोर्ड की गोटी पर उँगली रख कर जिधर चाहो आत्मा को खिसका लो। हिन्दी की सारी आत्माएं तुम्हारी उँगली के इशारे पर ही तो नाचती है। चचा, इन्हें रास नहीं आता कि कोई बगीचीबाज़ इनकी वाटिका में प्रवेश कर जाए। इन्हें सब कुछ अनस्थिर दिखाई देता है। अनस्थिर पर भी पंगा हुआ था, मालूम है? द्विवेदी जी ने 'भाषा की अनस्थिरता' नाम का एक लेख लिखा। विवाद 'अनस्थिरता' शब्द पर हुआ। बालमुकुन्द गुप्त रूपी आत्माराम ने कहा कि 'स्थिर' का उल्टा होता है 'अस्थिर', ये 'अनस्थिर' क्या हुआ? वाटिकाबाजों ने हालत खराब कर दी एक बगीचीबाज की।। लगातार उकसाते रहे। बगीचीबाज ने निन्यानवै दिन चुप लगाई और सौवें दिन ठोक दिया एक लम्बा सा लेख सरस्वती में। उन्होंने कहा कि कुछ ज्यादा अस्थिर होते हैं, कुछ कम अस्थिर होते हैं, यानी कुछ ज्यादा हिलते हैं, कुछ

कम हिलते हैं। ऐसे दोनों लोगों के लिए हम अस्थिर नहीं कह सकते, उनके लिए 'अनस्थिर' कहा जाएगा। आज भी वाटिकाबाज़ लोग स्थिर को अस्थिर और अनस्थिर बनाने के लिए तथ्यविहीन कुचर्चाएं कर रहे हैं। मनुष्यों से सरोकार नहीं, सीधे आत्माएं आती हैं डायलॉग करने के लिए, वाटिका में। चचा, तुम्हारी आत्मा क्या बोलती है? लेख तो तुमने भी पढ़ा होगा?

—लल्ला, जो आदमी अबू आज़मी के बारे में जे कहै कै हिन्दी बोलिकै वानै गल्ती करी, वो अस्थिर ऊ ऐ और अनस्थिर ऊ ऐ।

—ये बात तो खैर व्यंग्य की आड़ में कही, पर कुछ भी जाने बिना संस्थानों की आत्माओं से बात करते हैं। कोई काम करे तो राजनीतिक उद्देश्य से कर रहा है, पुराने जिस आदमी ने काम किया, उसकी राजनीति कुछ और थी, इसकी राजनीति कुछ और है। संस्थानों के शरीर से इन्हें कुछ मतलब नहीं, आत्माओं का रुदन सुनते हैं। टें टें तो अब से सौ साल पहले हुआ करती थी, अब टें टें की जगह भें भें हो गई है। ये किशोर मानसिकता के लोग हैं और हिन्दी पर राज करना चाहते हैं, हिन्दी की आत्मा के ठेकेदार बनकर। पता नहीं कौन से अली का नूर है इनमें? दूसरे को ही गलत मानते हैं और सब्र का इम्तिहान लेते हैं।

—चल सौवीं बैठक में देखिंगे कै तेरौ गुस्सा कित्तौ बचौ।

18 नवम्बर 2009

हाथ बढ़ाओ क्लेश नहीं

—चौं रे चम्पू! आज हमारी सौंवीं बैठक ऐ, कैसे मिजाज ऐं तेरे? गुस्सा कम भयौ कै नायं?

—मेरा क्रोध स्थाई नहीं रहता, तुम्हें मालूम तो है चचा। वैसे भी मैं व्यक्तियों पर क्रोध नहीं करता, प्रवृत्तियों पर करता हूं। व्यक्ति की प्रतिक्रिया होती है राग अथवा द्वेष के कारण। ऊपर से बोलेगा कुछ और, अन्दर से बात होगी कुछ और। लेकिन प्रकट में अप्रकट भी दिखाई दे जाता है कि क्यों कोई अचानक विकट हो जाता है और मौका आने पर निकट हो जाता है। प्राय: मूल मामला व्यक्तिगत राग-द्वेष का रहता है चचा।

—जय हो चम्पुआनंद महाराज की। आज तौ प्रवचन है रयौ ऐ। तौ महाराज जी! राग द्वेस की नैंक व्याख्या कर देओ।

—मैं अपनी बात एक दृष्टांत से समझाना चाहूंगा। विनोद कुमार शुक्ल का एक उपन्यास पढ़ा था—'दीवार में एक खिड़की रहती थी'। उसके पहले अध्याय का नाम है 'हाथी

आगे-आगे निकलता जाता था और पीछे हाथी की खाली जगह छूटती जाती थी'। मैं बहुत देर तक किताब नहीं पढ़ पाया चचा, शीर्षक में ही अटका रहा। हाथी द्वारा छोड़ी गई खाली जगह में अगर खाली दिमाग आकर बैठ जाएं तो उन्हें इस बात का एहसास होता है कि कुछ देर पहले हाथी यहीं था जहां पर हमारा दिमाग इस समय है। खाली दिमाग हाथी की ओर बढ़ता है, तब तक हाथी और आगे निकल चुका होता है। खाली दिमाग को फिर से हाथी द्वारा छोड़ी हुई नई जगह मिलती है। खाली दिमाग को पता है कि हाथी उनका नहीं है, लेकिन चूंकि वे उस हाथी की सवारी कर चुके होते हैं, इसलिए उनकी कामना रहती है कि हाथी रिवर्स गेयर लगा कर हमारे इस स्थान को भर दे, भले ही एक खाली स्थान आगे छूट जाए।

—तू बात कूं उलझाइबे में माहिर ऐ।

—चचा माहिर होते हैं खाली दिमाग। उन्हें मालूम है कि हाथी अब उनका नहीं है, पर एक चीज है जिसके बारे में वे समझते हैं कि उनके पास रह गई है।

—कौन सी चीज?

—अंकुश! चचा अंकुश! अंकुश अपने हाथ में रखना चाहते हैं, हाथी कहीं चला जाए। सारा विवाद अंकुश पर है, हाथी पर नहीं। अरे भइया, जिसे हाथी दिया है, उसे अंकुश भी दे दो। उसे महावत ही तो बनाया है, हौदे पर बैठने का ओहदा तो नहीं दिया। अंकुश देकर तो देखो, वो तुम्हें भी हौदे पर बिठाएगा। महावत को मामूली मत समझो, वह तुम सबको

जानता है। तुम उसे सर्कस का जोकर बनाना चाहते हो, बना लो। लेकिन देखो तो सही कि वह हिन्दी के इस हाथी से क्या-क्या काम लेता है, कितना कौशल है उसके पास। माना कि अकादमियों और संस्थानों के हाथी सफेद हाथी माने जाते हैं। पर महावत को हाथी से मुहब्बत तो बढ़ाने दो। अंकुश अपने पास रखने की जिद न करो प्यारे! एक बार हाथी अपने ओरिजिनल कलर में आ जाए तो हिन्दी के हौदे में आप नहीं बैठेंगे तो कौन बैठेगा? बलिष्ठ हाथियों से काम न लिया जाए तो खड़े-खड़े सफेद हो जाते हैं । अंकुश नहीं दोगे तो हाथी से काम कैसे लेगा महावत? हिन्दी के हाथी को सिर्फ तुम्हारे लता-पत्रा ही नहीं लादने, उसे अपनी सूंड़ से भारतीय भाषाओं का फव्वारा छोड़कर नई पीढ़ियों को निहलाना है। उसे नवनिर्माण के लिए, भारी-भारी भाषा-संपदा के तनों को संकल्प की ज़ंजीरों से बांधकर संस्कृति की नदी तक लाना है। गंतव्य तक बहाना है। यकीन मानो महावत को हाथी से प्यार है, ओहदे या हौदे से नहीं। शुक्र मनाओ कि बिना पगार का महावत मिला है। मेहनत करना चाहता है, मेहनताने की चाहत नहीं है। फिर क्यों उसका अंकुश अपने झोले में डाले घूमते हो? ये भी सोच लो कि तुम नहीं भी दोगे तो क्या हो जाएगा? जिसके पास हाथी है, वो अंकुश नहीं खरीद सकता क्या?

—महाराज चम्पुआनंद जी, दृष्टांत लंबौ है गयौ, संत जी अब अंत पै आऔ।

—हाथी द्वारा छोड़े गए खाली स्थान में राग भरो, पर द्वेष नहीं।

हाथ बढ़ाओ, क्लेश नहीं। हिन्दी के हाथी को मिल-जुल कर ताकत दो, वरना खाली स्थान ही बचेगा, हाथी के अवशेष नहीं।

25 नवम्बर 2009

पा की परम्परा-प्रदान-प्रक्रिया

—चौं रे चम्पू! नई पीढ़ी के ताईं सबते अच्छौ तोफा का ऐ रे?

—सबसे अच्छा तोहफा है उन्हें अपनी परम्परा प्रदान करना। चार दिन पहले मुंबई गया था, वहां मैंने परम्परा-प्रदान-प्रक्रिया का परम पावन परिदृश्य पाया, बड़ा आनन्द आया।

—पा के अनुप्रास में बड़ौ आनन्द लै रयौ ऐ रे! का चक्कर ऐ?

—फिल्म 'पा' आने वाली है न! अमिताभ बच्चन तो च्यवनप्राश खा-खा कर कम उम्र के होते जा रहे हैं, उनके च्यवनप्राश से मेरा अनुप्रास प्रेरित हो जाता है। 'पा' के बड़े मायने हैं चचा। पा माने पिताजी। पा ने अपने पा से जो कुछ पाया था, उसमें सबसे मूल्यवान थी परम्परा। पा ने जब आगे आने वाली पीढ़ी को, वह परम्परा सौंपी तो ऐसे ही स्वीकार नहीं कर लिया गया उनका च्यवनप्राश या अनुप्रास। नई पीढ़ी देखती है प्रासंगिकता। च्यवन-प्रासंगिकता भी देखती है और अनुप्रासंगिकता भी देखती है।

—सब्दन ते मत खेल! वैसे मोय मालुम है कै तू खेल-खेल में ...

—ऊंची बात कह जाता हूं न! तो मैं आपको बता रहा था परम्परा-प्रदान-प्रक्रिया के एक परिदृश्य के बारे में। मुंबई के भारतीय विद्या भवन के सभागार के बाहर पत्रकारों, फोटोग्राफरों की अच्छी ख़ासी भीड़ थी। सिनेमा जगत के महानायक अपने पूरे परिवार के साथ अपने पा डॉ. हरिवंश राय बच्चन की कविताओं का पाठ करने वाले थे। 'पा' रिलीज़ होने से पहले अपने पा की कविताओं का पाठ करके आशीर्वाद पाना चाहते थे। तुम्हारे चम्पू ने अग्रिम पंक्ति में बैठकर तीन घंटे का वो शानदार कार्यक्रम देखा-सुना। अपनी घन-गंभीर आवाज़ में अपने पा की कविताएं सुनाकर अमित जी ने लोगों का मन मोह लिया, तालियों को दोह लिया।

—तौ जा मैं नई बात का ऐ? मधुशाला तौ पहलै ऊ सुनाई उन्नै।

—नई बात ये थी कि सिर्फ उन्होंने ही नहीं सुनाईं कविताएं, पूरे कुनबे ने सुनाईं। जया जी ने जिस अभिनय कौशल से वाचन किया, पुरानी 'अभिमान' फिल्म याद हो आई। बहुतों को तो अकल्पनीय लग रहा होगा जब उन्होंने ऐश्वर्या के मुख से ठेठ हिन्दी का ठाठ सुना होगा। ससुर जी के पा की कविताएं सुनाते वक्त वह ब्रह्मांड सुंदरी प्रकांड विदुषी लग रही थीं। अभिषेक, श्वेता ने भी सुनाईं। मेरे ख्याल से चचा किसी दिवंगत कवि का ऐसा दिव्य जन्मदिन अभी तक न मना होगा! आगामी पीढ़ियां कितना भी विकास कर लें, उनका महत्व उस समय बहुत बढ़ जाता है, जब वे अपने पुरखों को

आदर से याद करते हैं। सब लाइन लगाकर बैठे थे हाथ में कविताओं के कागज लिए हुए। अजिताभ की बिटिया ने मधुशाला के अंग्रेजी संस्करण के लिए एक चित्रमय पुस्तक बनाई थी, जिसके लोकार्पण के बाद कविताओं का सिलसिला शुरू हुआ। बाल गोपालों के सामने एक नई लीक बनाते हुए अमित जी ने अपने पा की 'नई लीक' शीर्षक कविता सुनाई। कविता में कवि कुछ इस तरह कहता है कि जिन्दगी और ज़माने की कशमकश से घबरा कर मेरे लड़के मुझसे पूछते हैं, 'हमें पैदा क्यों किया था?'

और मेरे पास
इसके सिवा कोई जवाब नहीं है
कि मेरे बाप ने भी मुझसे बिना पूछे
मुझे पैदा किया था,
और मेरे बाप से बिना पूछे
उनके बाप ने, उन्हें,
और मेरे बाबा से बिना पूछे
उनके बाप ने, उन्हें...
ज़िंदगी और ज़माने की कशमकश
पहले भी थी अब भी है, शायद ज़्यादा,
आगे भी होगी, शायद और ज़्यादा।
तुम्हीं नई लीक धरना,
अपने बेटों से पूछ कर उन्हें पैदा करना!

—भई वा, भई वा!

—ये तो एक ही सुनाई है। पर इस कविता के बाद पूरा कुनबा

खुश, पूरा सभागार खुश और उसके बाद सतरंगी कविताओं का इन्द्रधनुष खिल उठा। सैविंटी परसेंट काम अमित जी ने दिखाया, तीस परसेंट नई पीढ़ी के हिस्से में आया। और ये सच है चचा कि जब पुत्र अपने पा के पा की परम्परा को पाता है तो पा अपने पुत्र को अपना पा बना लेता है। दो दिन बाद 'पा' रिलीज हो रही है, चलोगे देखने?

—पा की टिकट पा जायं तौ चलिंगे।

2 दिसम्बर 2009

चकरघिन्नी और घुमेर

—चौं रे चम्पू! चकरघिन्नी और घुमेर में का फरक ऐ?

—तुम भी चचा, पता नहीं कहां-कहां से सवाल ढूंढ कर लाते हो। चकरघिन्नी खा जाता हूं। खोपड़ी में घुमेर आने लगता है।

—बाक्य-प्रयोग करकै मती ना दिखा, फरक बता।

—देखो चचा, कोई न कोई जवाब तो दे ही दूंगा। सोचने तो दो। पहला अंतर तो ये है कि चकरघिन्नी च वर्ग के प्रथम वर्ण से प्रारंभ होता है और घुमेर क वर्ग के चौथे वर्ण से। एक पहले स्थान पर बैठा है और दूसरा चौथे स्थान पर बैठा है। चकरघिन्नी के 'च' में कोई मात्रा नहीं लगी, लेकिन घुमेर के घ में छोटे उ की मात्रा लगी है।

—बेकार की बात मती कर, नांय पतौ तौ मनैं कद्दै।

—सुनो, घुमेर आती है और चकरघिन्नी खाई जाती है। दूसरी बात ये कि घुमेर का संबंध सिर्फ सिर घूमने से है, ज़बकि चकरघिन्नी में पूरा अस्तित्व घूम जाता है।

—हां, तेरी दूसरी बात में दम हतै।

—उदाहरण देकर समझाता हूं, अगर आप पहाड़ी यात्रा में बस के अंदर बैठे हों तो आपको घुमेर आ सकती है। लेकिन अगर आप बाहर हों और पहाड़ जैसी बस आपके सामने धू-धू करके जल जाए तो आप चकरघिन्नी खा जाएंगे। न कोई दंगा हुआ ना फसाद, अच्छी खासी बस में आग कैसे लगी। नई-निकोर बस अचानक कैसे जल उठी? फिर आप सोचेंगे कि जिसमें कम्पनी ने दिल्ली की ये लाल, हरी बसें चलाई होंगी उसने आग की संभावना पर जरा भी विचार नहीं किया। लाखों रुपए की बस आती है, उसके लिए दस-बीस हजार खर्च करके सुरक्षा के उपाय नहीं किए जा सकते क्या? हरे रंग की बस लाल रंग की ज्वालाओं में घिर कर काले रंग की राख में बदल गई। एक के बाद एक जलती जा रही हैं, चचा। घुमेर ठीक हो जाती है, चकरघिन्नी बढ़ती जाती है।

—बात समझ में आई! जे तौ मामूली सी चकरघिन्नी ऐ! जामें का ऐ?

—कमाल है, आपको मामूली नज़र आती है। कितने लोगों की ज़िन्दगी दांव पर लग जाती है। वो तो भला हुआ कि ड्राइवर ने ऑटोमैटिक दरवाज़े खोल दिए वरना अंदर के सारे यात्री हिन्दू विधि से मोक्ष प्राप्त कर लेते। आजकल सड़कों पर चलते-चलते गाड़ियों में अचानक आग लग जाती है। क्या आपकी चेतना चकरघिन्नी नहीं खाती है?

—और कछू बता!

—कलमाडी ने राष्ट्रकुल खेलों की मीटिंग बुलाई, उस पर विजय गोयल ने कोई आपत्ति उठाई तो कलमाडी को घुमेर आ गया। गोयल को धमकी दी तो गोयल चकरघिन्नी खा गया। और उदाहरण लो, लिब्राहन रिपोर्ट आई, सारे भाजपाई घुमेर की चपेट में आ गए, लेकिन अटल जी चकरघिन्नी खा गए। और लो, राहुल गांधी ने अलीगढ़ विश्वविद्यालय में कह दिया कि योग्यता हो तो अगला प्रधानमंत्री कोई मुस्लिम भी हो सकता है। अधिकांश कांग्रेसियों को घुमेर आई होगी, भाजपा चकरघिन्नी खा रही होगी। नेक्स्ट, फिल्म 'पा' रिलीज हो गई है, भारी मेकअप की याद कर-कर के अमिताभ बच्चन को तो हल्की सी घुमेर आती होगी, लेकिन तीनों के तीनों खान, यानी शाहरुख़, आमिर और सलमान, चकरघिन्नी खा रहे होंगे।

—ठीक जा रयौ ऐ, और बता।

—और बताऊं, ये जो रूस के साथ परमाणु समझौता हुआ है, जिसने अमरीका के एक दो तीन समझौते को पीछे छोड़ दिया है, इस समझौते की सफलता को देख कर प्रकाश करात को तो घुमेर आ रही होगी लेकिन ओबामा की केबिनेट चकरघिन्नी खा रही होगी।

—अच्छा! चल एक और बताय दै बस्स!

—हटाओ चलो एक और बताए देता हूं। उसके बाद मत पूछना, क्योंकि उससे बढ़िया कोई उदाहरण मेरे पास नहीं होगा। जमे तो ठीक नहीं तो नहीं। देखिए, घूमर में घेरदार घाघरा

घुमाने वाली को घुमेर आ सकती है लेकिन देखने वाला तो चकरघिन्नी खा जाता है ना। क्यों चचा?

—वाह पट्ठे वाह! जे हुई न बात।

9 दिसम्बर 2009

बोल ट्वेंटी-टैन ज़िन्दाबाद

—चौं रे चम्पू! दो हजार दस आइबे वारौ ऐ, कित्ते दिना बचे?

—आज सोलह तारीख है। गिन लो, पन्द्रह दिन बचे। लेकिन चचा, दो हजार दस मत बोलो।

—तौ का बोलें?

—बोलो ट्वेंटी-टैन!

—चौं बोलें ट्वेंटी-टैन?

—नई पीढ़ी में जो ट्वेंटी की उम्र के हैं और जो टैन की उम्र के हैं, वे ऐसे ही बोलना चाहते हैं।

—और जो तीस साल के ऐं?

—वो तो पुरानी पीढ़ी हो गई चचा! शताब्दी का एक दशक पूरा हो लेगा। इक्कीसवीं सदी तो ट्वेंटी और टैन वालों की ही है। वे ही इस सदी को बनाएंगे-बिगाड़ेंगे।

—बिगारिंगे चौं? बनांगे! उल्टी बात चौं सोचै?

—माफ करना चचा, बनाएंगे, लेकिन इन बच्चों और युवाओं

को हम बनाने के लिए क्या दे रहे हैं, सवाल ये है। भ्रष्टाचार का सड़ा अचार, आतंकवाद के समाचार, औरतों पर अत्याचार, फैशन का स्वेच्छाचार, असंयमी आचार-विचार, सामाजिक संबंधों का व्यभिचार, इंटरनेट का कुसंचार, सम्बोधनों का अशिष्टाचार, राजनीति का दुष्टाचार, सामर्थ्यवानों का अनाचार, अश्लील विज्ञापन प्रचार, शिक्षा में पापाचार, गरीबी लाचार, अधार्मिक धर्माचार, सेहत निरुपचार, काले धन का कदाचार बताइए क्या दे रहे हैं इनके अलावा?

—तेरी जीभ कारी कैसै है गई आज? अरे लल्ला हर चीज कौ उपचार हतै। तेरे-मेरे पास ना ऐ। ट्वेंटी-टैन के पास ऐ। जवानी में इत्ती ताकत ऐ रे कै सब कछू ठीक कर सकै है। जवानी नीचे नायं देखै, ऊपर देखौ करै है।

—बात आपकी ठीक है चचा। पिताजी कहा करते थे— जवानो उठो जवानी दो, समय को नई रवानी दो, समय प्यासा हो पानी दो, समय मांगे कुर्बानी दो। पर ये बताइए कि कुर्बानी का जज्बा आज कितना है नई पीढ़ी में? विचारधाराएं ग़ायब हैं, अपनी तरक्की के चक्कर में चक्की में पिस रही है जवानी। वतन के लिए वचन नहीं लेते, कौल नहीं भरते, कॉल सेंटरों में मरते हैं, समय को पानी नहीं दे रहे, विदेशी कंपनियों का पानी भरते हैं। क्या करेगी ऐसी जवानी? मैं जानता हूं कि आदर्शवाद जवानों को हमेशा आकर्षित करता है, लेकिन उस आदर्शवाद के लिए भी तो आदर्श चाहिए। पुरानी पीढ़ी अगर महत्वाकांक्षाओं के मॉल

में माल खरीदेगी तो नई पीढ़ी भी बिजली की सीढ़ियों से ही ऊपर चढ़ना चाहेगी। आप मानते रहिए नई पीढ़ी को भविष्य की संपत्ति, उन्हें पता ही नहीं है कि मुल्क पर असली विपत्ति क्या हैं? आप किसी आम नौजवान से पूछिए कि देश की ट्वेंटी समस्याएं बताओ, चचा टैन भी नहीं बता पाएगा।

—का खाय कै आयौ ऐ? जवानी ऐ चौं कोस रयौ ऐ रे? उल्टी नायं, कोई सीधी बात बता।

—सीधी कहां से लाऊं? परिवर्तन हर पल हो रहा है, समाज बदल रहा है, सच का सामना करने के बजाय 'सच का सामना' देखना पसंद कर रही है नई पीढ़ी। रिएलिटी से जूझने के स्थान पर रिएलिटी शोज़ की गिरफ्त में है नई पीढ़ी। अपने बॉस के आदेशों का पालन करने के स्थान पर बिग बॉस का अनुशासन उसे प्रिय लगता है। उसकी जीवन शैली मैली हो रही है।

—हद्द है गई। आज तू नायं मानैगौ! खबरदार जो नई पीढ़ी के खिलाफ बोलौ तौ। ट्वेंटी-टैन पै मोय पूरौ भरोसा ऐ।

—मैं तो आपको छेड़ रहा था चचा! शायद आप भी दूसरे बुजुर्गों की तरह जवानों को कोसोगे, पर आप तो टस से मस नहीं हुए। चिंता मत करिए मुझे भी जवानों पर पूरी आस्था है, मैं मानता हूं कि उन्हीं के पास भविष्य का रास्ता है। क्रांति हर काल में अपना रूप बदलती है। बड़े अदब से कह रहा हूं... वे सौ बरस जिएं, पर बदलाव के पुराने ढर्रे जब ज्योति बसु हो जाते हैं तब जवानी से ही कोई नई ज्योति निकलती है।

नया विचार जन्म लेता है, जो भविष्य का उपचार करने में समर्थ हो सकता है। साकार हो सकने वाले सपने जवानों के पास ही होते हैं। मेरा एक दोहा सुन लीजिए—

क्रांति सदा लाएं युवा, जीवन हो या खेल।
वार न करती दूर तक, ढीली पड़ी गुलेल।

—**बोल ट्वेंटी-टैन** जिन्दाबाद!

—ट्वेंटी-टैन ज़िन्दाबाद!

16 दिसम्बर 2009

जलवायु और प्राणवायु का प्रदूषण

—चौं रे चम्पू! परयाबरन और जलवायू कौ बड़ौ हल्ला ऐ आजकल्ल, तोय कछू पतौ ऐ?

—आपका भतीजा हूं चचा, सिर्फ पर्यावरण और जलवायु ही नहीं जानता, प्रदूषण से जुड़े सारे क्षेत्रों के बारे में अल्प से किंचित न्यून जानकारी रखता हूं जो आपके लिए पर्याप्त से अधिक होगी।

—उड़ाय लै हमारौ मजाक, उड़ाय लै भैया! हम तौ अधिकतम जानकारी के सदा के प्यासे ऐं। हमारौ ज्ञान बढ़ा।

—चचा प्रदूषण होता है दो प्रकार का। पहला प्रदूषण पर्यावरण का, जिससे प्रभावित होती है जलवायु और दूसरा 'पर या वरण' का, जिससे प्रभावित होती है प्राणवायु।

—पहलौ तौ समझ में आय गयौ, दूसरौ पल्ले नायं परौ।

—गहरी बात है चचा, सामाजिक प्रदूषण की बात है। समाज चलता है संबंधों से। सबसे प्रमुख संबंध है स्त्री-पुरुष संबंध। स्त्री-पुरुष संबंधों में भी परकीय प्रसंगों पर विश्व का साहित्य

टिका हुआ है। परकीय गाथा निकाल दो तो रीतिकाल आउट, और चूंकि परकीय प्रसंगों में मज़ा देता है डाउट, इसलिए वह साहित्य रसवान होता है। वरण करने में क्या रखा है? सफल वैवाहिक जीवन पर कितनी कहानियां या कविताएं हैं, बताइए? पर-स्त्री, पर-पुरुष हों तो कहानी बनती है। फ़िल्म वहां ख़त्म हो जाती है जहां प्रेमी-युगल एक दूसरे का वरण कर लेते हैं। वरण के बाद पर लगते ही फिर पर-प्रसंग जन्म लेने लगते हैं, क्योंकि किसी और में प्राण लग जाते हैं, वायु कहीं और बहा ले जाती है। प्राणवायु बदल जाती है। जितना गंभीर मामला पर्यावरण का है उससे कम गंभीर नहीं है 'पर या वरण' का मामला। पहले की चिंता में कोपेनहेगन में अंतरराष्ट्रीय वार्ता चली। बात कई बार बनी, कई बार बिगड़ी। छोटे-बड़े देशों में मतभेद हुए, आशंकाएं रखी गईं, समझौते हुए, जिन्हें बाध्यकारी नहीं माना गया। ओबामा द्वारा चार बेसिक देशों भारत, ब्राजील, चीन, दक्षिण अफ्रीका को आहत भी किया गया, राहत भी दी गईं। चिंता की बात यह पाई गई कि विश्वव्यापी तापमान में दो डिग्री सेल्शियस की बढ़ोतरी हो गई है, इसलिए जंगल बढ़ाने पर बल दिया गया। 'पर या वरण' में संबंधों का तापमान कितने डिग्री बढ़ गया, इसका तो अनुमान भी नहीं लगाया जा सकता। संबंधों का जंगल बिना किसी के बढ़ाए अपने आप बढ़ रहा है।

—जिंदगी सब्दन कौ खेल नायं चम्पू।

—तो चचा स्त्री-पुरुष संबंध भी कोई खेल नहीं है। भारत में तलाक बहुत कम हुआ करते थे। तलाकों की दर तेज़ रफ़्तार

से बढ़ रही है। मुख्य कारण हैं परकीय प्रसंग और भरोसे की कमी। सास-ससुर के अत्याचार तो बहाना हुआ करते हैं, तालमेल न बैठने का कारण तो अन्यत्र के नैन-मटक्के ही होते हैं। जलवायु प्रदूषण और प्राणवायु प्रदूषण दोनों समस्याएं महानगरों की हैं, संपन्न लोगों द्वारा बढ़ाई जा रही हैं। उद्योगाग्नि और कामाग्नि सफेदपोशों की मदहोशी का परिणाम हैं। समर्थ को ही मेंटिनैंस का खर्चा देना पड़ता है। अमरीका समर्थ है, उसने भी जलवायु की मेंटिनैंस के लिए अरबों डालर का वायदा किया है। कोपेनहेगन वार्ता में ग़रीब देश नाखुश हैं, क्योंकि जलवायु प्रदूषण बढ़ाने में उनकी भूमिका नहीं है, फिर वे उतना खर्चा कहां से लाएं। प्राणवायु प्रदूषण में भी गरीब की विशेष भूमिका नहीं होती, वहां तो जीवन-यापन के ख़र्चे-पानी के ही टोटे हैं। वहां पर-प्रसंग हो भी जाएं तो वरण टूटता नहीं है।

—संसार एक खेला ऐ, जे तौ मन मिले कौ मेला ऐ।

—झमेला है चचा, झमेला। बाल्मीकि ने कहा था—'परदाराभिमर्शात् तु नान्यत् पापतरं महत् ', अर्थात् पराई स्त्री के संसर्ग से बढ़कर दूसरा कोई महान पाप नहीं है। —चल छोड़, जलवायू और प्रानवायू के प्रदूसन कौ एक लाइन में अंतर बता।

—पर्यावरण में जलवायु का प्रदूषण तो बाहरी ऊष्मा का आघात है और 'पर या वरण' में प्राणवायु का प्रदूषण, चचा, ये तो अंदर की बात है।

23 दिसम्बर 2009

पिच और घिचपिच

—चौं रे चम्पू! कहां ते आय रह्यौ ऐ रे? और हाथ में का ऐ?

—आ रहा हूं दिल्ली के फिरोजशाह कोटला मैदान से और हाथ में हैं बरमूडा की घास के ठूंठ।

—चौं गयौ ओ वहां पै?

—टिकिट के पैसे वापस मिल जाएंगे, यह सोच कर गया था। मैदान में सन्नाटा था। एक तरफ बोतलों, टोपियों, कागजों और चिप्स के खाली पॉलिथिनों का ढेर लगा हुआ था, जिस पर झुण्ड के झुण्ड कौवे बैठे हुए थे। वे भी गुस्से में चोंच न मार दें, यह सोच कर उस तरफ तो नहीं गया, लेकिन पिच पर काफी देर टहल कर आया। समझ में नहीं आया कि पिच में गड़बड़ी क्या थी? हज़ारों दर्शकों की तमन्नाओं पर क्यों पानी फेरा गया? पिच पर ही पानी फेर देते तो बॉल उछाल नहीं लेती। मैं तो समझता था कि क्रिकेट ऐसा खेल है जो कहीं भी, किन्हीं भी, स्थितियों में खेला जा सकता है—बल्ला भी है बॉल भी, संग में डंडे चार, अब देरी किस

बात की, किरकिट खेलो यार। खेल ये ठुक ठुक वाला, बड़ा दिलचस्प निराला।

—खेल रोक दियौ, बुरी बात भई!

—बारिश के कारण रोक देते हैं तब भी बुरा लगता है। अरे भीगते-भीगते खेलो, कीचड़ में एकाध फिसल जाएगा और क्या होगा। दर्शकों को दुगुना मजा आएगा— बचपन में खेलें सभी, गली मुहल्ले बीच, पिच की चिन्ता ही नहीं, सूखा है या कीच। लगन यदि सच्ची जागे, फील्ड में दिनभर भागे। क्यों चचा?

—गली-मौहल्ला में जो किरकिट खेलौ करैं, नखरा थोड़े ई दिखामें!

—पर चचा खिलाड़ी लोग जितनी ऊंचाई पर पहुंच जाते हैं उतने ही नखरे बढ़ जाते हैं। राधा अगर चाहे तो दूसरों को छछिया भर छाछ पर नचा ले, खुद नाचने की बारी आई तो नौ मन तेल चाहिए। उछलती बॉल को देखने के लिए परमात्मा ने दो आंखें दी हैं, पर खिलाड़ी आजकल रिस्क नहीं लेते। प्रसिद्धि पाने के बाद उन्हें तो नूरा कुश्ती रोज दिखानी है— डब्ल्यू डबल्यू एफ की, कुश्ती देखें आप। शीघ्र पता चल जाएगा, पहलवान का पाप। चित्त है चारों ख़ाने, भर लिए मगर ख़ज़ाने। लेकिन नूरा क्रिकेट में दर्शकों की जेब पर मार भले ही पड़े, पर खुद मार नहीं खानी— कर थोड़ी सी साधना, पा थोड़ी सी सिद्धि, मिल जाती आराम से चारों ओर प्रसिद्धि। बाद में गोलमाल है, क्रिकिट का यही हाल है। पिच तो दोनों टीमों के लिए

एक ही थी। हम भी बड़ी जल्दी विदेशी नखरों की गिरफ्त में आ जाते हैं। बिना बात हल्ला मचा दिया, कोटला में क्रिकेट कलंकित हो गई, क्रिकेट में काला दिन आया। अरे पिच ऊबड़-खाबड़ है या सपाट, खेल के दिखाओ ऑन द स्पॉट। ये क्या कि साहब बरमूडा से घास आएगी, पिच पर लगाई जाएगी, फिर काटी जाएगी, फिर नखरा दिखा के दर्शकों की तमन्ना पर रोलर फिरा दिया जाएगा। वो तो हमारे दर्शक पानी की खाली बोतलें और कुछ कागज फेंक कर ही संतुष्ट हो गए वरना पिच के मिजाज से उनका मिजाज ज्यादा खतरनाक हो सकता था। पहले भी जयसूर्या की उपस्थिति में इसी तरह खेल रोका गया था। क्रिकेट के नाजुक मसीहा, नाजुक सी मामूली बात को कठोर किए दे रहे हैं, बड़े-बड़े सवालिया निशान खड़े कर रहे हैं, नियम कड़े कर रहे हैं। दो हजार ग्यारह में इसी मैदान पर विश्व कप होना है, कहते हैं कि नहीं होने देंगे।

—भली चलाई! पिच की घिचपिच समझ में नायं आई।

—दो हजार ग्यारह से पहले तो दो हजार दस के राष्ट्रकुल के खेल होने हैं। जिस तरह की हमारी तैयारियां हैं उन्हें देखते हुए तो एक भी खेल न हो पाएगा। जरा-जरा सी बात पर नुक्ताचीनी करेंगे तो खेल भावना कहां रही। देखना यह चाहिए कि सुविधा या असुविधा हर टीम को समान मिल रही है या नहीं। समान स्थितियों में सम्मान के साथ खेल कर दिखाओ। लंगड़ लड़ाओ, बतंगड़ मत बनाओ। दिल की पिच सही रहनी चाहिए— खेलों का उद्देश्य है, आपस का

सद्भाव, ताव दिखाकर जो करें, दिल के पिच पर घाव,
प्रेम सीखें कुछ अरसा।
—हां, भेज देओ उनैं मदरसा।

30 दिसंबर 2009